《新闻报》《大公报》《时报》《中央日报》中的

上海大學（1922—1927）

洪佳惠 编

上海大学出版社
·上海·

图书在版编目（CIP）数据

《新闻报》《大公报》《时报》《中央日报》中的上海大学：1922—1927 / 洪佳惠编. -- 上海：上海大学出版社，2021.10
（红色学府　百年传承）
ISBN 978-7-5671-4345-6

Ⅰ．①新… Ⅱ．①洪… Ⅲ．①上海大学—校史—史料—1922-1927 Ⅳ．①G649.285.1

中国版本图书馆CIP数据核字(2021)第195684号

责任编辑　傅玉芳　刘　强
装帧设计　柯国富
技术编辑　金　鑫　钱宇坤

《新闻报》《大公报》《时报》《中央日报》中的
上海大学（1922—1927）
洪佳惠　编
上海大学出版社出版发行
（上海市上大路99号　邮政编码 200444）
(http://www.shupress.cn　发行热线 021-66135112)
出版人　戴骏豪

*

上海颛辉印刷厂有限公司印刷　各地新华书店经销
开本　710mm×1000mm　1/16　印张 12.25　字数 245千
2021年10月第1版　2021年10月第1次印刷
ISBN 978-7-5671-4345-6/G·3383　定价：68.00元

版权所有　侵权必究
如发现本书有印装质量问题请与印刷厂质量科联系
联系电话：021-57602918

"红色学府 百年传承"丛书编委会

主　　　任	成旦红　刘昌胜
常务副主任	段　勇
副　主　任	龚思怡　欧阳华　吴明红　聂　清
	汪小帆　苟燕楠　罗宏杰　忻　平
委　　　员	（按姓氏笔画为序）
	王远弟　刘长林　刘绍学　许华虎
	孙伟平　李　坚　李明斌　吴仲钢
	何小青　沈　艺　张元隆　张文宏
	张　洁　张勇安　陈志宏　竺　剑
	金　波　胡大伟　胡申生　秦凯丰
	徐有威　徐国明　陶飞亚　曹为民
	曾文彪　褚贵忠　潘守永　戴骏豪

总序：传承红色基因，办好一流大学

成旦红　刘昌胜

1922年10月23日，在风雨如晦的年代，一所由中国共产党与国民党合作创办的高等学府"上海大学"横空出世。而就在前一年，中国共产党宣告成立，揭开了中国历史的新篇章。如今我们回顾历史，上海大学留下的史迹与中国共产党的发展紧密相连。

《诗经·小雅》有云："鹤鸣于九皋，声闻于野。"20世纪20年代的上海大学，发轫于闸北弄堂，迁播于租界僻巷，校舍简陋湫隘，办学经费拮据，又屡遭反动势力迫害，但在中国共产党和国民党左派以及进步人士的共同努力下，屡仆屡起，不屈不挠，上海大学声誉日隆，红色学府名声不胫而走，吸引四方热血青年奔赴求学。在艰难办学的五年时间里，为中国革命和建设培养出一大批杰出人才，在当时就赢得"文有上大、武有黄埔"之美誉。在波澜壮阔的五年时间里，老上海大学取得的成就值得我们永远记取，老上海大学的办学传统和办学精神值得我们永远继承和发扬光大。

1994年11月，学校党委常委会决定"上海大学成立日期确定为1922年5月27日"。1997年5月，钱伟长老校长在为上大学生作关于"自强不息"校训的报告时指出，"我们学校的历史上，1922年到1927年期间里有过一个上海大学，这是我们党最早建立的一个大学。"他又以李硕勋、何挺颖两位烈士为例讲道："没有他们的牺牲，没有那么多革命志士的奉献，我们上海大学提不出那么响亮的名字，这是我们上海大学的光荣。"

1983年合并组建原上海大学和1994年合并组建新上海大学之时，得到了老上海大学校友及其后代的热烈支持和响应，他们纷纷题词、致信，祝贺母校"复建""重光";党中央、国务院及上海市委、市政府也殷切希望新上海大学继承和发扬老上海大学的光荣革命传统,时任中共中央总书记的江泽民同志为新上海大学题写了校名,老上海大学校友、后任国家主席的杨尚昆同志题词"继承和发扬上海大学的光荣传统,为祖国的建设培养人才"。

新上海大学自合并组建以来,一直将这所红色学府的"红色基因"视作我们的办学优势之一,将收集、研究老上海大学的历史资料,学习、传承老上海大学的光荣传统作为自己的使命和责任。2014年,学校组织专家编撰出版了《20世纪20年代的上海大学》,这是迄今为止搜集老上海大学资料最为丰富、翔实的一部文献;同年在校园里建立的纪念老上海大学历史的"溯园",如今已成为上海市爱国主义教育基地。

为了更全面地收集老上海大学的档案资料,更深入地研究老上海大学的历史,更有效地继承和发扬老上海大学的光荣传统,我们推出了这套"红色学府 百年传承"丛书,既是为2021年中国共产党100周年光辉诞辰献上一份贺礼,也是对2022年老上海大学诞生100周年的最好纪念,并希望以此揭开新上海大学"双一流"建设的新篇章。

是为简序。

前　言

20世纪二三十年代的中国，处于一个风云变幻的时代。西方列强的坚船利炮给中华大地带来了苦难，同时，形色各异的西方思潮也冲击着甫睁眼看世界之国人的头脑，与中华传统文化激烈碰撞着。作为对时事反映最快速的媒介——报纸也成了各种新闻汇集和言论发声的集散地。何为"报纸"？我国现代新闻学家戈公振对报纸的"正身"如是简约道："报纸者，报告新闻，揭载评论，定期为公众而刊行者也。"这个界定确乎指出了报纸的功能，自近代至今未有很大变易。但报纸"报告什么新闻"、"揭载什么评论"，如何"报告"，其中比重如何，以谁为预设的受众，却各报有各自的"报性"。法国思想家托克维尔在其社会学著作《论美国的民主》中对同一时期不同国家之报刊的差异曾惊讶道："在法国，报刊上登载商业广告的版面非常有限，甚至商业新闻也不怎么多。一份报纸的版面，大部分讨论政治问题。在美国，你看一份大报时，立刻看到有四分之三版面全是广告，其余的部分经常是政治新闻或短小的趣闻轶事。翻来翻去之后，才能在人们不注意的角落，看到我们法国报刊每天为读者登载的热烈讨论的题材，但也字数不多。"本书所辑录选取的内容即带有关注上海大学（1922—1927）的"共性"和四份报纸的"个性"。

《新闻报》1893年2月17日创办于上海，是一份中外合资报纸。20世纪20年代，销量曾超过《申报》，成为沪上销量第一的大报。"重经济

而轻政治"是该报的主要特色。辛亥革命爆发后，为免受政治斗争的冲击，更逐渐以报道经济新闻为主，淡化对政治新闻的报道。该报纸的主要阅读对象是工商界人士，由于其商业消息灵通，江南各省镇的较大商号，凡与上海有经济往来的，均有订阅。上海许多商店的柜台上也放置该报，因此该报又有"柜台报"之称。《新闻报》对上海大学（1922—1927）的教学活动等的报道，虽然不似《民国日报》《申报》那么频密，但其持续的关注也足以将上海大学（1922—1927）的起落推至工商业者的视野中。

《大公报》1902年6月17日创办于天津，是迄今为止我国发行时间最长的一份中文报纸，也是中国近代史上最重要的民营报纸之一，先后创设了上海版、汉口版、香港版、重庆版和桂林版，影响遍及全国。该报实行"不党、不卖、不私、不盲"的"四不"方针，显示出媒体的职业道德，与同时期的大多数报刊相比，该报力求表现出一种客观公正的取向。《大公报》见证了一百多年来中国社会的沧桑变化，著名学者季羡林在《大公报》创刊一百周年纪念会上曾言："《大公报》的一百年可以涵盖中国的20世纪，从第一期到现在就是一部百科全书式的中国现代史。"上海大学（1922—1927）浮沉的几年也正是《大公报》举步维艰的时段，即便如此，邵力子案、学校的关闭、学历获得承认等重要新闻也见诸该报。尤其令人瞩目的是，该报在新中国成立前夕所刊载的孔另境所撰之文《旧事新读——怀念革命的摇篮上大》，发出了如此切切呼告："但上大的实体难道永远被埋在瓦砾蔓草之中了么？难道只能在记忆里依稀想象它了么？难道它的令名只能在革命的历史里记录一下么？我为它抱屈，我为它落泪！愿有心人注意及之。"

《时报》1904年6月12日创办于上海，是戊戌变法后保皇派发行的第一份报纸。该报的报名取意于《礼记》"君子而时中"，意为合于"时"，而随"时"变。尽管该报曾一度被认为是保皇派的喉舌，但其对报刊业务的革新特征是鲜明的。尤其在1921年易主之后，该报以"改良报纸为目的，与任何团体机关营业不发生关系"为经营方针，着重于社会新闻与体育新闻的报道。该报对上海大学的关注亦是持续性的，从1922年上海大学创立之初，至1927年学校被关闭，乃至之后的学历得到承认等消息，经常见诸该报的"本埠新闻"栏目。

《中央日报》1928年2月1日创办于上海，是民国时期国民党中央的机关报。该报作为一份党派报纸，重在宣传国民党的政策、方针，发表国民党对于国内外各种政治事件、时事新闻的政治主张和基本态度。由于上海大学校长于右任国民党元老的身份，并任职国民政府审计院院长、监察院院长，该报在上海大学（1922—1927）学历获得国民党政府承认之后，对学校消息有着较为详尽的报道。且该报在1948年5月4日第四版报道的"上大校友昨举行年会"，是目前所见报刊中，关于上海大学（1922—1927）最为晚近的一则消息。

四份报纸，四种"报性"，为追忆上海大学（1922—1927）在那个风云激荡年代的真实面目，添缀了尽管草蛇灰线却也有迹可循的线索。这种对真实面目的还原，不仅表现在"学校创建""名人讲演""学务革新""学生活动""被迫关闭"等具体事件上，更体现于各类"报性"对上海大学（1922—1927）报道的不同言说和叙述细节中，有时这不同的言说甚至是抵牾的，但如法国哲学家福柯所认为的，以这种抵牾所产生的隙豁为着眼点，恰能铺陈出一个广阔的时代图景，将上海大学（1922—1927）置于当时的"总体历史"中，或许也可为关于上海大学（1922—1927）历史的研究辟出一条路径。

编　者

2021年4月

凡 例

一、本书以上海图书馆馆藏报刊《新闻报》《大公报》《时报》《中央日报》为资料来源，收录了四种报纸上刊登的与上海大学（1922—1927）相关的报道。

二、本书以报道时间为排序依据，涵盖上海大学（1922—1927）在教学、师资、附中、学生社团、社会活动等各个方面的内容，以及1927年学校封闭后的各类报道，时间跨度为1922—1949年。

三、本书以所在版面、局部放大图、转录文字为一般体例，务求从档案角度做到最大限度地保留原文的样式和内容。

四、本书转录文字，一律改用简化字并用现代汉语标点符号予以标点；具体内容尊重当时的行文习惯，除明显错别字改在［ ］内、漏字和衍字放在〈 〉内、难以辨认的字用口代替以外，其余一仍其旧。

五、每条史料均标注日期与所在版面。

目 录

1922 年 / 1

上海大学之教务会议 / 2
上海大学之交涉·旧校长之举动 / 3
上海大学交涉再志 / 4

1923 年 / 5

上海大学学生致京学生会电 / 6
上海大学昨日之演讲 / 8
学校消息 / 9
学校消息·上海大学 / 10
学校消息 / 11
学校消息 / 12
学校消息·上海大学 / 13
学校消息 / 14
汪精卫在上海大学演讲 / 15
学校消息 / 17
学校消息 / 18
马君武博士在上海大学演讲 / 19
上海大学之教职员会议 / 20
上海大学之革新 / 21

学校消息·上海大学 / 23
学校消息·上海大学 / 24
上海大学近讯 / 25
上海大学昨日之欢送会 / 26
上海大学之学生茶话会 / 27
上海大学学生会闭会 / 28
学校消息·上海大学 / 29
上海大学之教职员会 / 30
上海大学中国文学系近况 / 31
学校消息·上海大学 / 32
上海大学评议会之所闻 / 33
上海大学评议会·克期组成校董会　半年筑成新校舍 / 35
上海大学中学部近况 / 36
学校消息·上海大学 / 37
上海大学一周纪念会纪要 / 38
上海大学明日请章太炎演讲·题为中国语言统系 / 40
艺术界消息 / 41
上海大学近讯 / 42
学校消息·上海大学 / 44

1924年 / 45

上海大学定期迁移校址 / 46
小专电 / 47
上海大学近况 / 48
上海大学下学年拟新设学系 / 49
上海大学创办平民学校 / 50
上海大学平教委员会开会 / 52
上海大学之欢送会 / 53
上海大学新添学系 / 54
加入浙财政调查会者·上海大学浙江同乡会 / 55
上海大学近况 / 57
上海大学学生会之成立 / 59
上海大学附设平民学校消息 / 60

上海大学学生之新组织 / 61

捕房派探搜查上海大学 / 62

上海大学主任被控 / 63

上大壬戌级会成立 / 66

上海大学被控案 / 67

1925年 / 71

上海大学组织招待投考同学会 / 72

上海大学本学期之新计画［划］ / 73

上海大学昨开行政委员会议 / 75

上海大学消息 / 76

上海大学聘张致果为校医 / 77

上大浙同乡会开会 / 78

上大女同学会成立 / 79

上海大学学生何念慈遗像 / 80

上海大学集议善后 / 81

上大第一次录取新生已揭晓 / 83

上海大学消息 / 84

上海大学消息 / 85

上海大学昨讯 / 86

各学校新消息·上海大学 / 87

上海大学来镇募捐 / 88

来函 / 89

上海大学湘社成立 / 90

上海大学举行三周纪念 / 92

上海大学举行三周纪念 / 93

上大非基督教同盟大会成立 / 94

上大台州同学会成立 / 95

上大社会系成立同学会 / 96

上大台州同学会成立 / 97

艺术界消息 / 98

上海大学募捐队赴粤 / 99

上海大学募捐队赴粤 / 100

1926 年 / 101

来函 / 102
上海大学在粤募款 / 103
上海大学近闻 / 105
上大附中新聘教员 / 106
上海大学今日开春季同乐会 / 107
上海大学购地建筑校舍会勘立界 / 108
上大购定校舍地基 / 109
上大社会学系同学会·昨开会员大会 / 110
上大附设平校开学 / 111
上海大学组织职业介绍部 / 112
上大湘社开游艺会 / 113
上海大学之毕业式 / 114
上海大学附中之新计划 / 115
上海大学近讯 / 117
上大附中扩大招生 / 118
教育界消息·上大附中扩大招生 / 119

1927 年 / 121

各校上课消息·上海大学 / 122
教育界消息·上海大学开课 / 123
上大附中聘定代理主任 / 124
上海大学教职员学生联席会议 / 125
昨日上海大学之重要会议 / 126
上海大学丁卯级同学会成立 / 127
上大丁卯级二次大会 / 128
上大附中学生会改选 / 129
上海大学丁卯级之同学会 / 130
江湾上海大学查封·学生一律出校 / 131
上海大学查封后之布告 / 132
上海大学·不容与国民党 / 133

上大维持善后委员呈请启封 / 134
上大被封后之行动 / 137
上海大学学生释放 / 138
上海大学之重要会议 / 139
上海大学之重要会议 / 141

1936 年 / 143

上海大学学籍问题解决·旅京同学筹组同学会 / 144
前上海大学学生学籍与国立大学同等待遇 / 145
文化界简报·上海大学同学会 / 146
上海大学筹组同学会·将在京召开成立大会 / 147
前上海大学组织同学会 / 148
上海大学同学会在京创办中学 / 149
上海大学同学会总会业已成立 / 150
上海大学同学会昨开首次理事会·
　程永言任理事长　张治中为监事长 / 152
上海大学同学会推定常委·吴开先当选监会主席 / 154

1937 年 / 155

上大组织学籍审查会 / 156
上海大学学籍审查会·今日在京开会 / 157
于院长六十寿辰·上海大学同学会发起集资建立右任图书馆 / 158
于右任六十寿辰·上海大学同学会筹建右任图书馆 / 159
于寿·中国公学毕业同学会昨午祝嘏·
　上大各地同学会代表到京祝寿 / 160
上海大学同学会·庆祝于院长寿辰 / 161

1940 年 / 163

前上大毕业证书已由教育部颁发 / 164

1941 年 / 165

前上大毕业文凭一部分到沪・留沪同学可往接洽 / 166

1947 年 / 167

于右任寿辰・上海大学同学祝贺 / 168

1948 年 / 169

上海大学校友昨举行年会 / 170

1949 年 / 171

旧事新谈——怀念革命的摇篮上海大学 / 172

后　记 / 176

1922 年

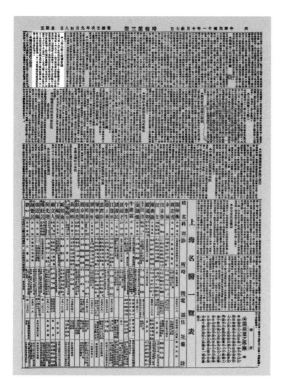

上海大学之教务会议

　　上海大学由于右任担任校长后,全体教职员学生均极欣幸。昨日下午,由于君召集教务会议,在校开会讨论,以后教务上各种事宜。首由于校长报告,请叶楚伧为校务主任。叶谓于校长系助学生而来,余系助于校长而来,故只能暂尽义务,不支薪水云云。次议决十月三十日(星期一)正式上课,每周于星期六、日,由图音、图工、英文、国文四部轮开教务会议一次,每月开全体教务会议一次。目前暂维持现状,其革新计画[划],容再次第公议云。

《时报》1922年10月27日第三张第六版

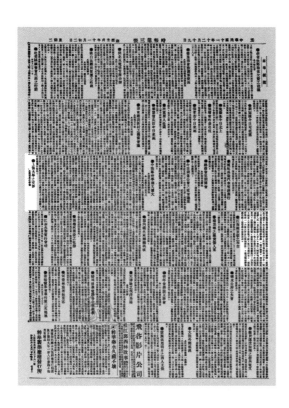

上海大学之交涉·旧校长之举动

闸北东南高等专科师范学校改组为上海大学后,旧校长王理堂现正提起交涉。兹悉王等于昨日下午一时,在法界蒲石路临时办事处开讨论会。到者除旧创办人外,并有赞助人多人。当由王理堂报告诉讼经过情形,继讨论办法:每人各筹洋五百元,作为临时费用,以后继续负责,并速向审检两厅进行,以期早日结束;至旧校舍交通不便,速行另租校舍(拟租新闸路一一六号大洋房,已开始接洽),并以临时办事处名义,通告学生家属云云。

《时报》1922年12月19日第三张第五版

上海大学交涉再志

　　上海大学改组后,其旧校长王理堂由东回国,迭在上海地方审检二厅提起诉讼,并请求审厅对于校具假处分及假扣押,已由审厅准允。于昨日下午二时,由承发吏孙益嘉偕同王及某律师,前往该校检查。在校教员陈某及学生汪某,以为该项训令系属伪造,坚不许查。承发吏现已回署复命矣。

《时报》1922年12月21日第三张第六版

1923 年

《新闻报》《大公报》《时报》《中央日报》中的 上海大学（1922—1927）

上海大学学生致京学生会电

本埠上海大学寒假留校学生，昨有致北京学生联合会总会一函，兹将录之如下、北京大学学生会、北京学生联合会总会公鉴，贵会及北大学生会代表申述及教潮经过详情，深为骇指，教长何物，祇以逢迎承闻，擢得彭允彝乃一无耻政客，不知教育为何事，谨以一席，已为全国唾骂，尤复倒行逆施，破坏司法，践踏人权，逼走校长，压制学子，设四百兆同胞之人格于不顾，此而可忍、孰不可忍、谨拟对付办法三条、（一）各省学生联合会，应一致表示力请政府罢斥彭允彝，脱离关系，（二）北京政府执迷不悟，国民当本五四精神，奋起自决，凡此宜为国民人格所关、我等不敏，愿为谋君后盾，迫切上陈，伏希鉴察。上海大学学生统启

上海大学学生致京学生会电

本埠上海大学寒假留校学生,昨有致北京学生联合总会一函,兹为录之如下:

北京大学学生会转北京学生联合会诸君公鉴:

贵会及北大学生会代表申述及教潮经过详情,深为发指。彭允彝乃一无耻政客,不知教育为何物,只以逢迎军阀、攫得教长一席,已为全国唾骂。尤复倒行逆施,破坏司法,蹂躏人权,逼走校长,压制学子,置四百兆同胞之人格于不顾。此而可忍,孰不可忍。谨拟对付办法三条:①各省学生联合会应一致表示力请政府罢斥彭允彝;②全国各学校暂与北京教育部脱离关系;③北京政府执迷不悟,国民当本五四精神,群起自决,凡此实为国民人格所关。我等不敏,愿为诸君后盾,迫切上言,统希鉴察。

上海大学学生叩

《时报》1923年2月27日第三张第五版

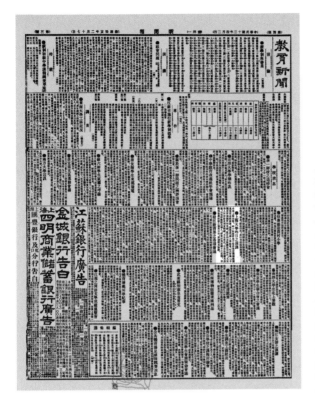

上海大学昨日之演讲

　　本埠上海大学，昨日由该校长于右任先生聘请张溥泉先生来校演讲，讲题为"个人与社会"，大旨谓"中国为家族制度所束缚，现在仍未脱离宗法时代，又云个人对于社会须重精神，不在形式，以自由活泼其志趣，以纪律范围其个人，折衷于英美德日之民性，以药我散漫推诿之痼疾"云云。所讲颇为动听。

《新闻报》1923年4月2日第四张第三版

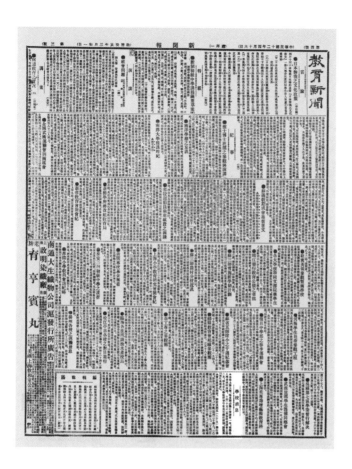

学校消息

本埠上海大学,每星期必举行演讲会一次,延聘名人学者来校演讲。日昨(十五日)为该校演讲会之第二次,请北京大学教授李守常先生担任演讲,讲题为"演化与进步"。

《新闻报》1923年4月16日第四张第三版

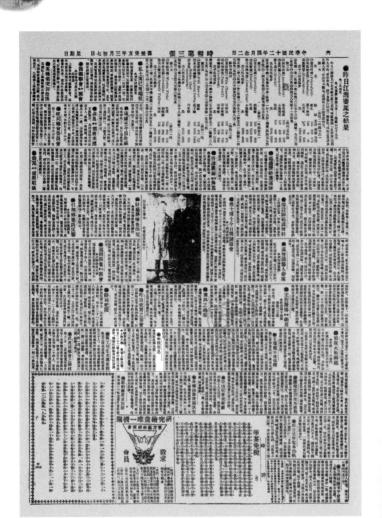

学校消息·上海大学

本埠上海大学,明日(二十二号)举行第三次演讲会,聘请汪精卫君担任演讲。

《时报》1923年4月22日第三张第六版

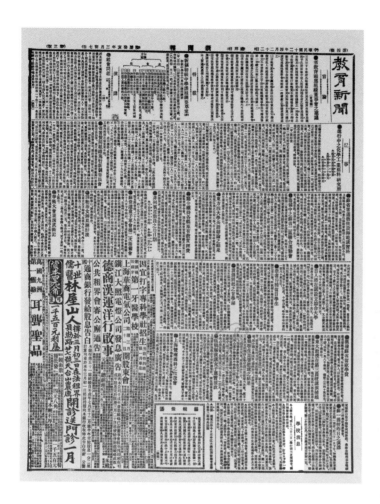

学校消息

上海大学,明日(二十二日)举行第三次演讲会,请汪精卫君担任演讲。

《新闻报》1923年4月22日第四张第三版

《新闻报》《大公报》
《时报》《中央日报》中的 上海大学（1922—1927）

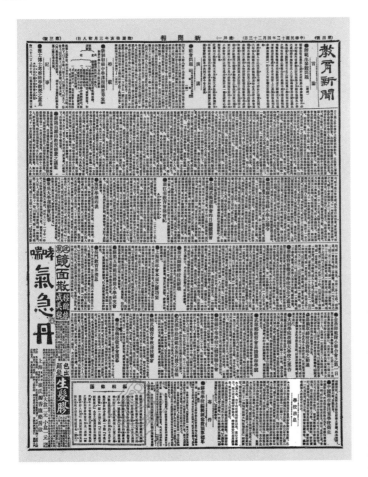

学校消息

上海大学，自于右任接任校长以来，进行不遗余力。现该校为整顿校务起见，特请邓安石君为总务长。邓君前为北大文科毕业生。

《新闻报》1923年4月23日第四张第三版

学校消息·上海大学

前日(二十三),本埠上海大学,假座四马路同兴楼开教职员会议,由该校校长于右任君主席。席间商议该校扩充及进行事宜,闻议决案件甚多,最重要者如下:①决由张溥泉、于右任二君筹办于宋园建筑新校舍事宜;②决由邓安石、陈德徵、洪禹仇办理扩充后章程事宜;③自下学期起,大学部添设俄国文学系、社会科学系、史学系,以便分别造就国家应用人才云。

《时报》1923年4月24日第三张第六版

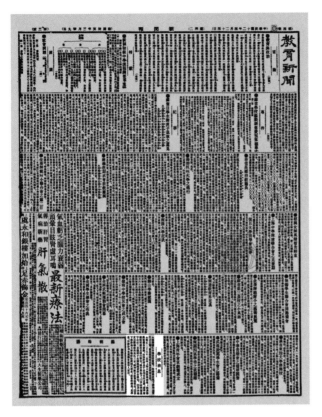

学校消息

前日(二十三日)本埠上海大学假座四马路同兴楼开教职员会议,由该校校长于右任先生主席。席间商议该校扩充及进行事宜,议决案如下:①决由张溥泉、于右任二君筹办于宋园建筑新校舍事宜;②决由邓安石、陈德徵、洪禹仇三君办理扩充后章程事宜;③自下学期起,大学部添设俄国文学系、社会科学系、史学系,以便分别造就国家应用人才云。

《新闻报》1923年4月24日第四张第三版

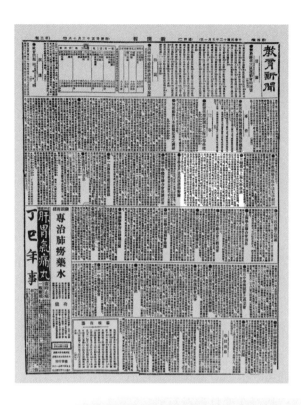

汪精衛在上海大學演講

本埠上海大學前星期本約汪精衛先生到校演講、因是日該校開教職員會議、故延至昨日、(廿九日)始請汪先生來校演講、其講題為「集權與分治」大意謂、徵諸中外歷史、一國的革命、為期絕不甚長、惟革命後之內亂、日期倒有延長得很久的、我們考了這種因果律之後、便覺得民國自辛亥鼎革以後、雖延長了十二年的內亂、也不算長遠、不過我們終覺得一任內亂之延長、百姓的苦痛、便莫可底止、所以我們想覓一個免除這種苦痛的方法、我們又看到革命後、所以有長時間內亂、原因雖不一、而那「民眾所目為偶像」的統治者、欲以武力統一全國、確為其主因、人、決沒有好結果可以得到、但武力怎樣能消除呢、我們如欲以武力消除武力、總不免塗炭人民、而其結果、仍係一團糟、所以我們認定做武力統一的迷夢的我們覺得當出百姓的權力增大起來而後才可能、百姓權力之增大、須有一種根據、這一種根據、就是在自治之中的、所謂分治、並不是聯省自治、因為聯省自治是使中央集權、變做各省政府集權、結果仍舊是武力專橫、人民仍不會有確切的根據、至我所謂分治、就是各縣自治、各縣自治則百姓的權力才能大、武力才能打消云云、

汪精卫在上海大学演讲

　　本埠上海大学前星期本约汪精卫先生到校演讲,因是日该校开教职员会议,故延至昨日(廿九日)始请汪先生来校演讲,其讲题为"集权与分治"。大意谓:征诸中外历史,一国的革命,为期终不甚长,惟革命后之内乱,日期倒有延长得很久的。我们考了这种因果律之后,便觉得民国自辛亥鼎革以后,虽延长了十二年的内乱,依理说,也不算长远。不过,我们终觉得一任内乱之延长,百姓的苦痛,便莫可底止。所以我们想觅一个免除这种苦痛的方法。我们又看到革命后,所以有长时间内乱,原因虽不一,而那"民众所目为偶像"的统治者,欲以武力统一全国,确为其主因。我们如欲以武力消除武力,总不免涂炭人民,而其结果,仍系一团糟。所以我们认定做武力统一的迷梦的人,决没有好结果可以得到。但武力怎样能消除呢?我们觉得当由百姓的权力增大起来而后才可能,百姓权力之增大,须有一种根据,这一种根据,就是在分治之中的。所谓分洽[治],并不是联省自治,因为联省自治是使中央集权,变做各省省政府集权,结果仍旧是武力专横,人民仍不会有确切的根据。至我所谓分治,就是各县自治,各县自治则百姓的权力才能大,武力才能打消云云。

《新闻报》1923年5月1日第四张第三版

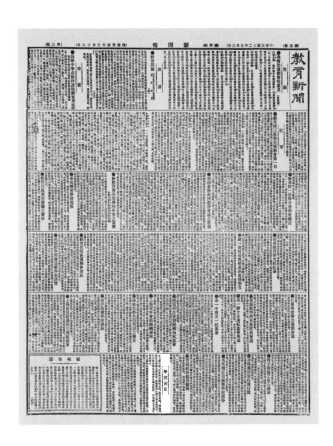

学校消息

上海大学近来对于课程方面,锐意求进。闻除聘邓安石为历史学教授、陈德徵为中国文学史教授外,昨又聘沈雁冰为西洋文学史教授、何连琴女士为洋琴教师云。

《新闻报》1923年5月3日第四张第三版

学校消息

本埠上海大学,为使学生课余自动研究学问起见,拟创办图书馆。惟现以经济关系,只得暂设图书室,请陈德徵君为主任,徐竹虚、姚天宇两君为管理员。闻现已筹办竣事,不日开幕。届时并拟请主任陈德徵君及总务长邓安石君演讲"图书馆与自动教育"云。

《新闻报》1923年5月4日第四张第三版

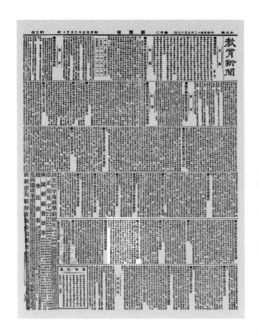

马君武博士在上海大学演讲

本埠上海大学,十三日上午十时,请马君武博士莅校演讲,讲题为"国民生计政策"。大意谓,就欧亚两洲政治历史看,国民生计的方针,有重农重商之分,而在中国并没有良好政策,以实施其重农的方针。亚丹斯密士的原富论,在国家统治之下,主张自由竞争,结果却引起了阶级争斗。于是有社会主义之说兴,俄国现在便是实行这主义的模范,将来的结果,很有供我们研究的机会。不过欲实行社会主义,先须问根本条件,即"政治道德"具备与否。中国政府简直以卖官鬻爵为常事,当然无政治道德之可言。所以我国很迫切地需要"有政治道德的政府,这是我国民应有的觉悟"云云。

《新闻报》1923年5月15日第四张第三版

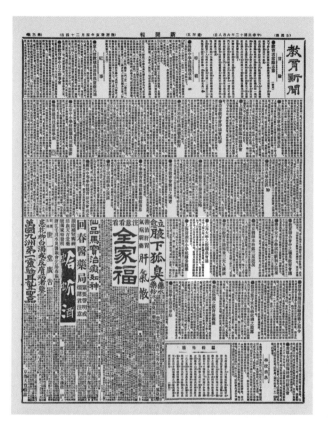

上海大学之教职员会议

本埠上海大学,于六日开教职员会议,各教职员均列席,由教务长叶楚伧主席。议决案件甚多,最重要者如下:①美术科毕业事件;②各系及高级中学学年试验事件;③招考新生事件等。并推定叶楚伧、陈德徵、周颂西诸君为招考委员云。

《新闻报》1923年6月8日第四张第三版

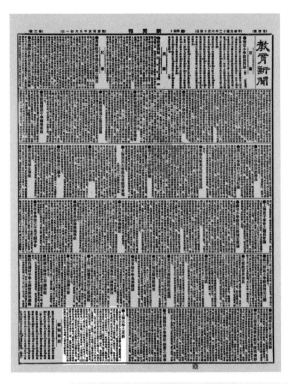

上海大學之革新

上海大學自去冬于右任先生接辦之後，銳意革新，一面籌募欵項，一面羅致人才，頃閉該校歷次召集敎職員討論革新事宜，其大體計畫，已經決定，計分爲三期，擴充辦理，每期定爲兩年，第一期（自民國十二年秋起至十四年夏止）㈠編定本校組織學系及計畫，計分三科學院中之社會學系及文藝院中之檜些系，俄國文學系、㈡建築校舍（一社會科學院、二圖書館、三學生寄宿舍、四運動場。）㈣添辦學系（除文藝院中之中國文學英國文學兩系仍繼招一級外，並添辦社會學系、（共三系）、第二期（十四年秋起至十六年夏止）㈠建築校舍（一文藝院、二中學部、三體育館彙大會堂）、㈡添辦學系、史學系、及文藝院中之德國文學系、音樂系共五系）第三期（十六年秋起至十八年夏止）、㈠建築校舍、（一行政廳、二敎育寄宿舍、三美術館）、㈡添辦學系、（添辦社會科學院中之法律學系、哲學系、心理學系、敎育學系、及文藝院中之法國文學系、歷劃系共五系）、除大學部外、附設中學部、亦按年添招高級中學及初級中學各一級，並聞該校前次會議議決、由于右任張溥泉兩先生交涉以宋國（即宋敎仁先生墓地）爲建築新校舍地點，已得各方贊成云。

21

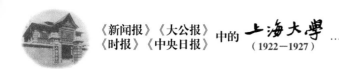

上海大学之革新

上海大学自去冬于右任先生接办之后，锐意革新，一面筹募款项，一面罗致人才。顷闻该校屡次召集教职员讨论革新事宜，其大体计画［划］，已经决定，计分为三期，扩充办理，每期定为两年。第一期（自民国十二年秋起至十四年夏止）：①编定本校组织学系及计画［划］；②筹定基金；③建筑校舍（一社会科学院、二图书馆、三学生寄宿舍、四运动场）；④添办学系（除文艺院中之中国文学、英国文学两系仍续招一级外，并添办社会科学院中之社会学系及文艺院中之绘画系、俄国文学系共三系）。第二期（十四年秋起至十六年夏止）：①建筑校舍（一文艺院、二中学部、三体育馆兼大会堂）；②添办学系（添办社会科学院中之经济学系、政治学系、史学系及文艺院中之德国文学系、音乐系共五系）。第三期（十六年秋起至十八年夏止）：①建筑校舍（一行政厅、二教育寄宿舍、三美术馆）；②添办学系（添办社会科学院中之法律学系、哲学系、心理学系、教育学系及文艺院中之法国文学系、雕刻系共五系）。除大学部外，附设中学部，亦按年添招高级中学及初级中学各一级。并闻该校前次会议议决，由于右任、张溥泉两先生交涉以宋园（即宋教仁先生墓地）为建筑新校舍地点，已得各方赞成云。

《新闻报》1923年6月14日第四张第三版

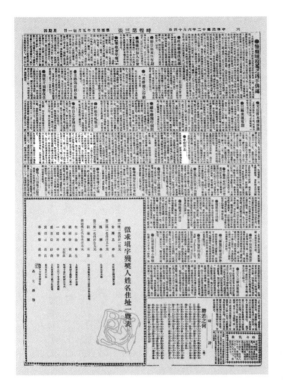

学校消息·上海大学

上海大学自去冬于右任接办之后,颇能锐意革新。顷闻该校屡次召集教职员讨论革新事宜,其大体计画[划]已经决定,为编定本校组织学系及计画[划]、筹定基金李[拟]建筑校舍、添办学系等等。计分为三期扩充办理,每期定为两年:第一期自民国十二年秋起至十四年夏止,第二期自十四年秋起至十六年夏止,第三期自十六年秋起至十八年夏止。除大学部外,附设中学部,亦按年添招高级中学及初级中学各一班。并闻该校前次会议议决,由于右任、张溥泉两先生交涉宋园(即宋教仁先生墓地)为建筑新校舍地点,已得各方赞成。

《时报》1923年6月14日第三张第六版

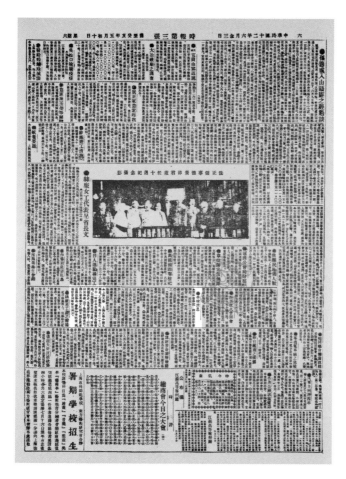

学校消息·上海大学

上海大学中国文学系乙组学生,昨日(二十二)下午一时在本班教室开全体会议,公推陈荫南君为主席。讨论问题甚多,其重要者如下:①刊印同学录;②下学期创办周刊;③公举周学文、汪铖至校长处面呈应改事件;④学年考试后,开茶话会以晤留别云云。

《时报》1923年6月23日第三张第六版

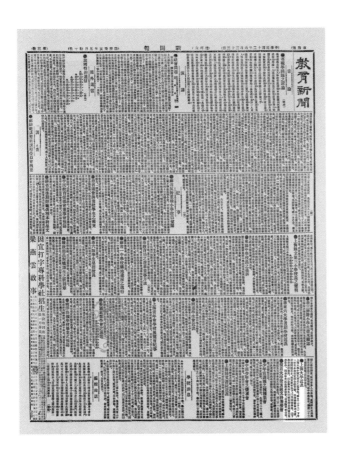

上海大学近讯

　　上海大学中国文学系乙组学生，昨日（二十二）下午一时在本班教室开全体会议，公推陈荫南君主席。讨论问题甚多，其重要者如下：①刊印同学录；②下学期创办周刊；③公举周学文、汪钺至校长处面呈应改事件；④学年考试后开茶话会，以为临别纪念云。

《新闻报》1923年6月23日第四张第三版

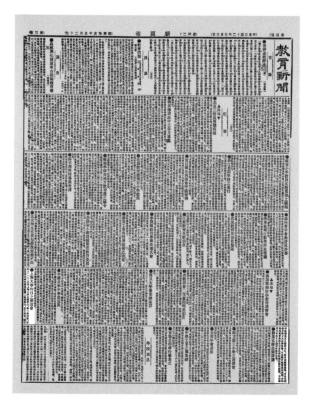

上海大学昨日之欢送会

前日（一日）本埠上海大学全体学生，举行欢送会，欢送该校美术科图音组、图工组毕业生。是日到者，除该校教职员及全体学生外，尚有来宾曹刍等。首由该校学生陈子英致开会辞，次由图音组毕业生奏乐，次即请来宾曹刍、邓安石、曾伯兴、陈德徵诸君演说，末由毕业生朱凤文、王显诏致谢词而散。

《新闻报》1923年7月3日第四张第三版

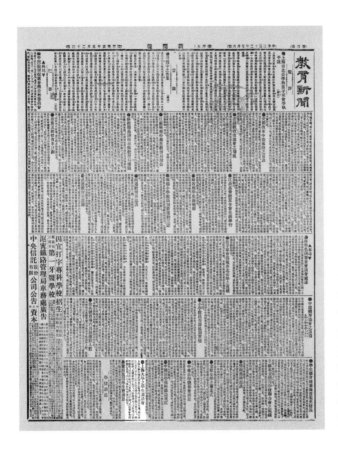

上海大学之学生茶话会

上海大学中国文学系乙组学生,因放假在迩,特于昨日(五日)下午二时,在该校第六教室举行茶话会,借以话别。其开会秩序如下:①摇铃开会,②奏乐,③主席报告,④自由谈话,⑤茶点,⑥余兴。又,该级学生所编《国乙周刊》,决定下学期开学后出版云。

《新闻报》1923年7月6日第四张第三版

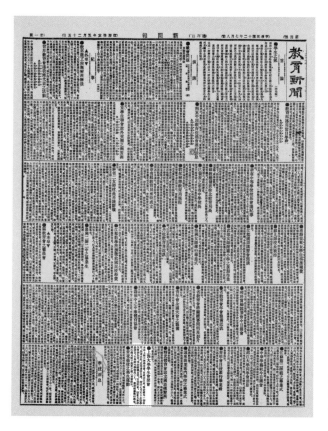

上海大学学生会闭会

　　本埠上海大学学生会，自成立以来，对于校内一切治理颇著成效。近因暑假在迩，特于七月五日在该学生会办公室，开全体职员会，宣布闭会。该会又奉校长训言，在暑期内举委员二人，襄助校务进行事宜，闻已推定陈子英、夏小溪二君留校云。

《新闻报》1923年7月8日第四张第一版

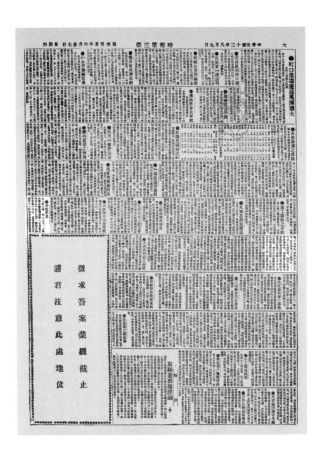

学校消息·上海大学

昨日正午,上海大学全体教职员假一江春聚宴,由校长于右任主席。席间讨论各项进行方法,并照章推定评议员十人。评议会为该校最高会议,不设议长,开会时由校长主席,由评议员中互选书记一人,均以一年为任期。除校长为主席评议员外,当即推定叶楚伧、陈德徵、邓安石、瞿秋白、洪野、陈望道、周颂西、冯子恭、邵力子九人为评议员,并决定由陈德徵君担任评议员书记。开[闻]第一次评议会将于明日(十号)在该校举行云。

《时报》1923年8月9日第三张第六版

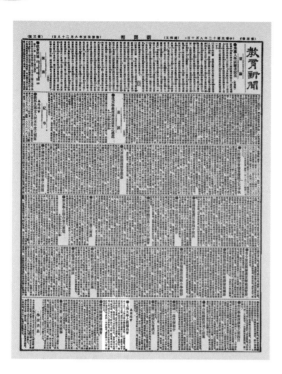

上海大学之教职员会

昨日正午,上海大学全体教职员假一江春聚宴,由校长于右任主席。席间讨论各项进行方法,并照章推定评议员十人。评议会为该校最高会议,不设议长,开会时由校长主席,由评议员中互选书记一人,均以一年为任期。除校长为主席评议员外,当即推定叶楚伧、陈德徵、邓安石、瞿秋白、洪野、陈望道、周颂西、冯子恭、邵力子九人为评议员,并决定由陈德徵君担任评议员书记。闻第一次评议会,将于明日(十号)在该校举行云。

《新闻报》1923年8月10日第四张第三版

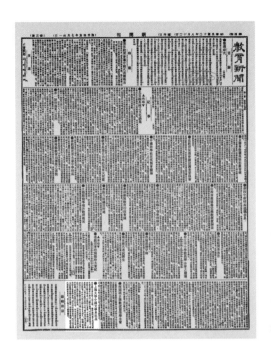

上海大学中国文学系近况

　　本埠闸北青岛路上海大学，鉴于整理旧文学、研究新文学及养成中学以上国文教师，均亟须培育专才，特创设中国文学系，以应时代需要。本学期共办一、二年级两级，已聘定陈望道为主任，兼授修词学、美学、语法、文法学等，沈仲九教中国文学史及选文（语体），叶楚伧、邵力子教授历代著名文选（包含群经、诸子及史传），俞平伯教授诗歌、小说、戏剧，田汉教授文学概论及西洋戏剧，高冠吾教授文字学，李仲乾教授金石学。其英语及社会科学等，则由别系教授兼任。此外，尚有章太炎、褚理堂担任特别讲座，精神异常焕发。新学生除已投考录取者外，连日报名尤极踊跃云。

《新闻报》1923年8月12日第四张第三版

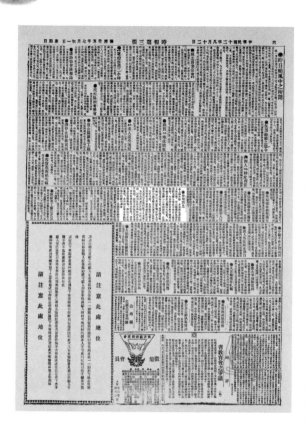

学校消息·上海大学

　　本埠闸北青岛路上海大学,鉴于整理旧文学、研究新文学及养成中学以上国文教师,均亟须培育专才,特创设中国文学系以应时代需要。本学期共办一、二年级两级,已聘定陈望道为主任,兼授修词学、美学、语法、文法学等,沈仲九君教授中国文学史及选文(语体),沈雁冰君教授西洋文学史,叶楚伧、邵力子两君教授历代著名文选(包含群经、诸子及史传),俞平伯君教授诗歌、小说、戏剧,田汉君教授文学概论及西洋戏剧,高冠吾君教授文字学,李仲乾君教授金石学。其英语及社会科学等,则由别系教授兼任。此外,尚有章太炎、褚理堂等担任特别讲座。

《时报》1923年8月12日第三张第六版

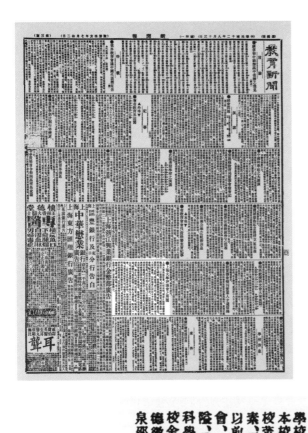

上海大學評議會之所聞

上海大學改組計畫，已紀前報，聞前日該校全體新舊職員在一江春開會，議決組織評議會，處理全校一切根本重大事務，當場推選葉楚傖、陳德徵、鄧安石、瞿秋白、洪野、周頌西、馮子恭、陳望道、邵力子等九人為評議員，該評議會已於昨日下午在校開第一次會議，議決案件甚多，其重要者，一、此期組成校董會，為校蒐資格，亦有決定，計五項，㈠全國國民所欽仰、足為學生模範者，㈡教育界上負有聲譽者，㈢出資助成本校發展事項者有勞續者，㈣與宋題初有密切關係者，㈤於校董、褰子民、汪精衛、李石曾、章太炎、張鴻泉、馬素、張靜江、馬君武等二十餘人為校董，限九月一日以前，與各校董接洽妥當，限九月二十日成立校會，二限半年內築成新校舍，該校深感現在校舍湫隘，另逐亦無相當房屋，擬懨半年內在宋園建築社會科學院圖書館及學生寄宿舍，為實成起見，特另設校舍建築委員會，以該校總務長鄧安石為委員長，陳德徵、曾伯興、錢病鶴、馮子恭等為委員，並延請張鴻泉邵子猷二君為該會顧問云、

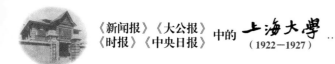

上海大学评议会之所闻

上海大学改组计画［划］，已纪前报。闻前日该校全体新教职员在一江春开会，议决组织评议会，处理全校一切根本重大事务，当场推选叶楚伧、陈德徵、邓安石、瞿秋白、洪野、周颂西、冯子恭、陈望道、邵力子等九人为评议员。该评议会已于昨日下午在校开第一次会议，议决案件甚多，其重要者：一、克期组成校董会。校董资格，亦有决定，计五项：①全国国民所敬仰，足为学生模范者；②教育界上负有声誉者；③出资助成学校经费及校舍者；④与宋遯初有密切关系者；⑤于本校发展事项者有劳绩者。并推孙中山先生为名誉校董，蔡孑民、汪精卫、李石曾、章太炎、张溥泉、马素、张静江、马君武等二十余人为校董，限九月一日以前，与各校董接洽妥当，限九月二十日前成立校董会。二、限半年内筑成新校舍。该校深感现在校舍湫隘，另迁亦无相当房屋，拟尽半年内在宋园建筑社会科学院、图书馆及学生寄宿舍，为专责成起见，特另设校舍建筑委员会，以该校总务长邓安石兼委员长，陈德徵、曾伯兴、钱病鹤、冯子恭等为委员，并延请张溥泉、邵子猷二君为该会顾问云。

《新闻报》1923年8月13日第四张第三版

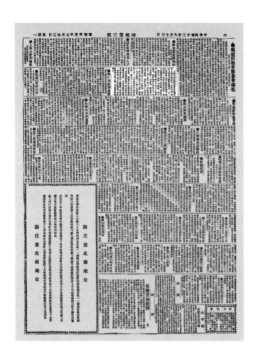

上海大学评议会·克期组成校董会 半年筑成新校舍

上海大学改组计画［划］及延聘有名人物充当教授,已纪前报。闻前日该校全体新教职员,在一江春开会,议决组织评议会,处理全校一切根本重大事务,当场推选叶楚伧、陈德徵、邓安石、瞿秋白、洪野、周颂西、冯子恭、陈望道、邵力子等九人为评议员。该评议会已于昨日下午在校开第一次会议,议决案件甚多,其中最重要者:①克期组成校董会,并推定孙中山为名誉校董,蔡子民、汪精卫、李石曾、章太炎、张溥泉、马素、张静江、马君武等二十余人为校董,限九月一日以前与各校董接洽妥当,限九月二十日以前成立校董会;②限半年内筑成新校舍。为专责成起见,特另设校舍建筑委员会,以该校总务长邓安石兼委员长,陈德徵、曾伯兴、钱病鹤、冯子恭为委员,并延请张溥泉、邵子猷二君为该会顾问云。

《时报》1923年8月13日第三张第六版

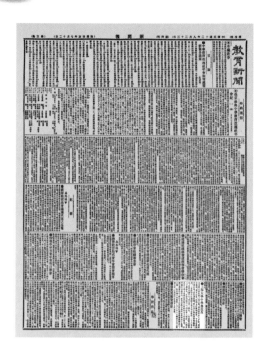

上海大学中学部近况

　　本埠闸北青岛路上海大学,为培植根本人才计,对于中学部异常注意。该部主任陈德徵君,下年在高级中学方面,注重选修制。闻分为文学、社会科学、艺术三科。一年级除公民学、国文、英文等必修科二十六学分外,在分科课目中,得任习二学分;二年级除必修科二十学分外,在分科课目中,得任习八学分。已聘定沈仲九、冯子庵、邵诗舟、施存统、徐蕚女士、曾伯兴等,分别担任必修科目;叶楚伧、蔡和森、狄侃、洪野、仲子通等,担任选修科目。陈君又在该校评议会提议举办高三,以副一般旧制中学毕业才力不及入大学者之向上求学之望,已得该校评议会正式通过。

《新闻报》1923 年 8 月 23 日第四张第三版

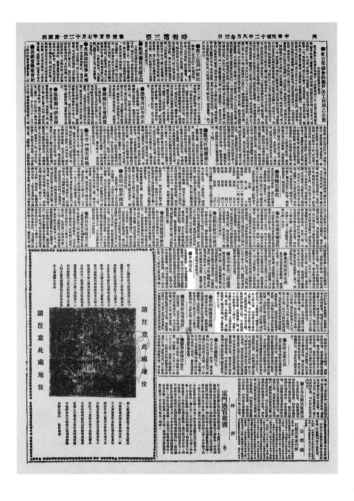

学校消息·上海大学

　　本埠闸北青岛路上海大学,下年在高级中学方面,注重选修制。闻分为文学、社会科学、艺术三科。又该校高三分为文学、社会科学二科,其中必修科仅十三学分,其余十五学分,俱为选科。又该校初级中学,现招一年级新生一班,课程审定极其完备,连日报名者颇不乏人云。

《时报》1923年8月23日第三张第六版

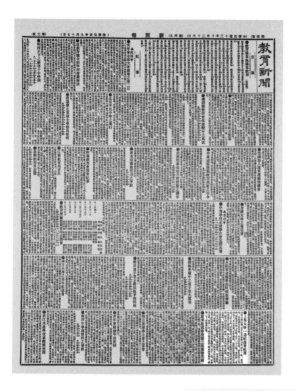

上海大學一週紀念會紀要

本埠上海大學，自于右任接辦以來，於今一年，其內部一切組織及學科等，均井井有條，學生共有三百餘，教授亦多海上名碩，本月二十三號，為該校一週紀念日，男女來賓，異常擁擠，茲將該校開會秩序列后，上午九時，振鈴開會，由該校全體學生唱校歌，並向校旗行三鞠躬禮，學生余益文主席，報告開會宗旨，後于校長訓詞，略述一年來內部之經過，及將來之進行，次張溥泉汪精衛演說，次本校教職員鄧秋白何世楨鄧安石施存統會傑程嘉詠及學生等均有演說，再次餘興，為國樂跳舞，凡爾林獨奏，滑稽跳舞，京曲，西樂，拳術等，一切表演，均頗受大眾之歡迎，晚間由該校學生新劇團表演盜國記，共十二幕，女神共五幕，所演一切，無不惟肖惟妙，觀者頗為動容，鐘鳴二下，各盡興而散。

上海大学一周纪念会纪要

　　本埠上海大学,自于右任接办以来,于今一年,其内部一切组织及学科等,均井井有条,学生共有三百余,教授亦多海上名硕。本月二十三号,为该校一周年纪念日,男女来宾,异常拥挤。兹将该校开会秩序列后:上午九时,振铃开会,由该校全体学生唱校歌,并向校旗行三鞠躬礼;学生余益文主席,报告开会宗旨;后于校长训词,略述一年来内部之经过,及将来之进行;次张溥泉、汪精卫演说;次本校教职员瞿秋白、何世桢、邓安石、施存统、曾杰、程嘉咏及学生等均有演说;再次余兴,为国乐跳舞、凡尔林独奏、滑稽跳舞、京曲、西乐、拳术等,一切表演均颇受大众之欢迎。晚间,由该校学生新剧团表演《盗国记》共十二幕、《女神》共五幕,所演一切,无不惟肖惟妙,观者颇为动容。钟鸣二下,各尽兴而散。

《新闻报》1923年10月26日第四张第三版

《新闻报》《大公报》《时报》《中央日报》中的 上海大學（1922—1927）

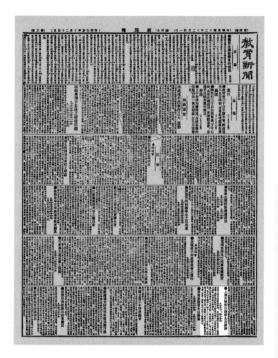

上海大学明日请章太炎演讲·题为中国语言统系

　　本埠上海大学特别讲座，向例每礼拜俱请名人到校演讲。兹闻该校因李大钊君所讲之"史学概论"（六次讲毕）、马君武君所讲之"一元哲学"及"非农村主义""经济学史略""武力统一与道路统一"等，均已讲毕。现又于本礼拜日（即十二月二日）午后二时，特请章太炎讲演，题目为"中国语言统系"，并闻欢迎校外来宾，毋需入场券，俱可自由入座听讲云。

《新闻报》1923 年 12 月 1 日第四张第三版

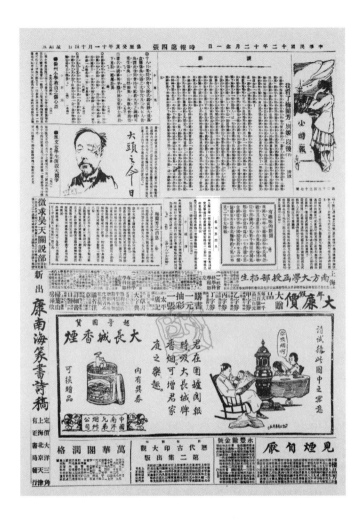

艺术界消息

上海大学一部分学生,于月前曾组织一微波社,专以研究文学为目的,并拟以研究所得,出不定期刊一种,现已征集稿件,将不日出刊云。

《时报》1923年12月21日第四张

《新闻报》《大公报》《时报》《中央日报》中的 上海大学（1922—1927）

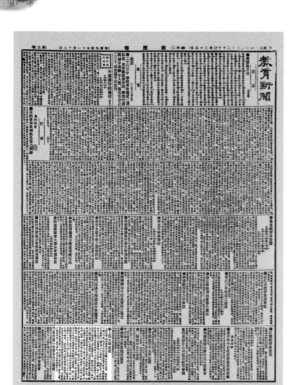

上海大学近讯

上海大学、颇以提高文化自励、开半年以来、教授方面极为谨严、其中由教授自编讲义者甚多、该校拟择其尤精粹的、编名『上海大学丛书』、预计在一年内至少可出五种、该校章程、亦已修订、学制一章中、除原定设文艺院社会科学院自然科学院、已设各系之新学程、亦已审慎规定、组织与行政一章中、改师议会为『行政委员会、』为该校最高议事机关、除校长学务长校务长及各部系主任为当然、委员外、由教职员中选举四人为委员、闻已依议新章改组、于右任校长为委员长、邓安石校务长、何世桢（学务长兼英文学系主任）陈望道（中国文学系主任）瞿秋白（社会学系主任）洪野（美术科主任）及叶楚伧、邵力子、侯伯矩、韩勤民（皆教职员）为委员、第一次会议决案甚多、闻其中央定寒假内招生两次、第一次为明年一月十八日、第二次为二月二十二日、除原有之社会学系、中国文学系、英国文学系、美术科、高级中学及初级中学皆招收插班生及选科生外、并新设『英数高等补习科』一班、又闻该校因旧有校舍太狭、于寒假内迁入新刊、校舍、现正任交涉缔约中、

上海大学近讯

　　上海大学颇以提高文化自励，闻半年以来，教授方面极为认真，其中由教授自编讲义者甚多，该校拟择其尤精粹的，编为"上海大学丛书"，预计在一年内至少可出五种。该校章程，业已修订，"学制"一章中，除原定设文艺院、社会科学院外，并添设自然科学院，已设各系之新学程，亦已审慎规定；"组织与行政"一章中，改评议会为"行政委员会"，为该校最高议事机关，除校长、学务长、校务长及各系部主任为当然委员外，并由教职员中选举四人为委员。闻已依据新章改组，于右任（校长）为委员长，邓安石（校务长）为秘书，何世桢（学务长兼英文系主任）、陈望道（中国文学系主任）、瞿秋白（社会学系主任）、洪野（美术科主任）及叶楚伧、邵力子、曾伯兴、韩觉民（皆教职员）为委员。第一次会议议决案甚多，闻其中决定寒假内招生两次，第一次为明年一月十八日，第二次为二月二十二日，除原有之社会学系、中国文学系、英国文学系、美术科、高级中学及初级中学皆招收插班生及选科生外，并新设"英数高等补习科"一班。又闻该校因旧有校舍太狭，决寒假内迁入新租校舍，现正在交涉缔约中。

《新闻报》1923年12月25日第四张第三版

《新闻报》《大公报》《时报》《中央日报》中的 上海大学（1922—1927）

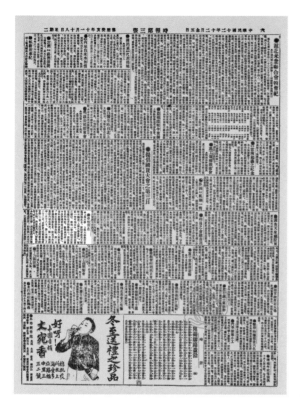

学校消息·上海大学

上海大学教授自编讲义甚多，该校拟择其尤精粹者编为"上海大学丛书"，预计一年可出五种。该校章程业已修订，"学制"一章中除原定设文艺院、社会科学院外，并添设自然科学院；"组织与行政"一章中改评议会为"行政委员会"，并由教职员中选举四人为委员，闻已依据新章改组。第一次会议议决案甚多，闻其中决定寒假内招生两次，第一次为明年一月十八日，第二次为二月二十二日，并新设"英数高等补习科"一班。又闻该校因旧有校舍太狭，决寒假内迁入新租校舍，现正在交涉缔约中。

《时报》1923年12月25日第三张第六版

1924 年

《新闻报》《大公报》《时报》《中央日报》中的 上海大学（1922—1927）

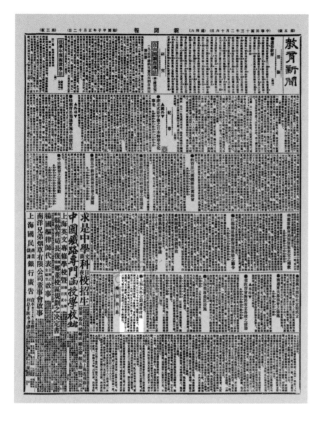

上海大学定期迁移校址

　　上海大学自去年下半年以来，整顿不遗余力。兹因闸北原校址颇为湫隘，不敷应用，爰租定西摩路、南阳路口洋房一大所，闻五日内即行迁入。该地房舍既极宽阔，尚有广大的余地，可供操场之用，空气新鲜，交通便利。又其余事，又闻该校照原定计划定于二十二三两日，举行第二次招生，二十四日开学云。

《新闻报》1924年2月16日第五张第三版

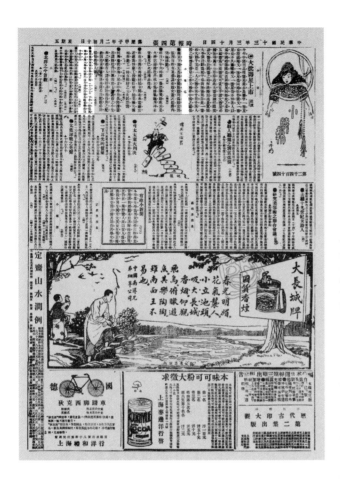

小专电

  国民党陆军军官学校于昨（十二日）下午一时假西摩路上海大学考试，新生投考者共百余名，皖省学生占十分之六。（3）（仲衡）（本埠）

《时报》1924年3月14日第四张

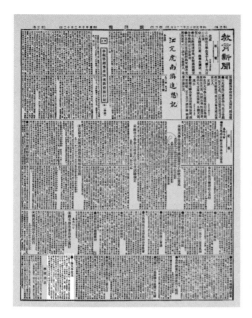

上海大学近况

上海大学已迁至西摩路,并在附近租赁民房为宿舍,第一宿舍在时应里,第二宿舍在甄庆里,第三宿舍在敦裕里,一切设备逐渐就绪。并闻该校新添教授甚多,中国文学系添聘刘大白教文学史、胡朴安教文字学;英国文学系添聘何世桢教散文、小说及论理学,董承道教经济学,虞鸿勋教散文及文学史;社会学系添聘周建人教生物哲学;美术科添聘李骧教油画,陈晓江教塑造。其选修之现代政治,已预定者有胡汉民、汪精卫、马君武、张溥泉四君。至校长闻仍为于右任,学务长仍为何世桢,校务长仍为邓安石云。

《新闻报》1924年3月16日第三张第三版

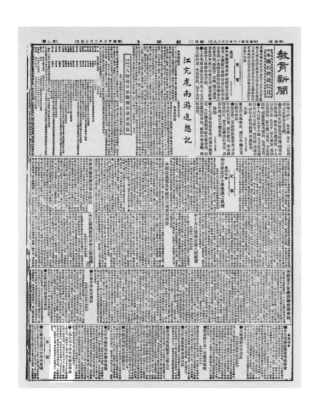

上海大学下学年拟新设学系

　　上海大学因应社会之要求,拟于下学年新添学系,闻该校行政委员会已推定各新添学系之筹备员,经济学系为瞿秋白,政治学系为刘庐隐,法律学系及商学系为何世枚,教育学系为陈望道、杨基骏。一面编制学程,一面物色教授。暑假后预料该校当另有一番新气象云。

《新闻报》1924年3月18日第四张第三版

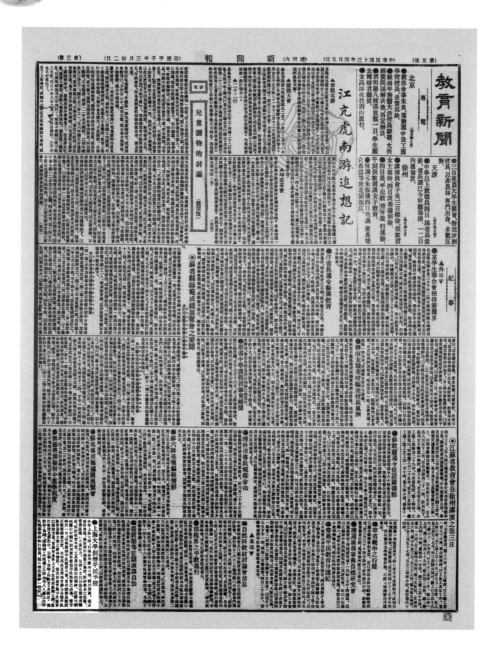

上海大学创办平民学校

　　本埠上海大学,自迁移西摩路以来,对于校务,锐意图谋发展,如新校舍建筑之筹措、添办学系之规画[划],皆勇猛进行,不遗余力。该校人士向以改造社会为职志,对于社会事业,尤具勇敢进取的精神。近闻该校因鉴于中国现社会实有提倡平民教育之必要,爰于四月一日,召集筹办平民教育大会。首由校务长邓安石说明开会宗旨,次由程永言君报告参预全国平民教育运动大会之经过情形,复次讨论实施平民教育之种种方案。当场即通过上大平民夜校组织大纲,并于教授及学生中,公举卜世畸、程永言、马建民、刘剑华、郭镫、杨国辅、朱义权、王秋心等八人为上大平民义务学校执行委员,克日招生筹办一切云。

《新闻报》1924年4月5日第五张第三版

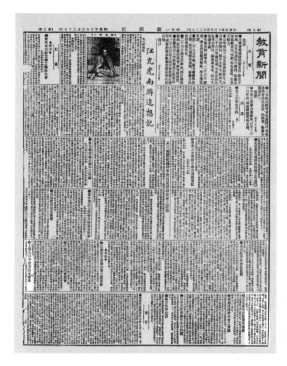

上海大学平教委员会开会

　　上大平教委员会，近以该校学生已达四百余人，校务、教务俱待整顿，特于前晚（二十五）召集第三次会议，主席卜世畸，首讨论教务之进行，如添减国文、国语、算学、音乐、珠算等科目；次议决考学生成绩方法，分为三种：①临时考试，②升级试验，③毕业试验，以上三项均请教务主任会同各班主任及教员办理；再次议决筹经费方法，遂公推卜世畸、程永言为募捐委员，又闻该委员等现已备募捐启及捐册等件，不日当着手办理云。

《新闻报》1924 年 4 月 28 日第五张第三版

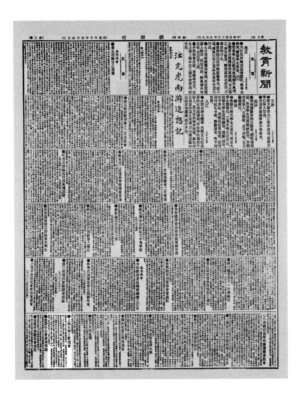

上海大学之欢送会

张溥泉君为上海大学建筑校舍赴南洋募款,昨日上午九时,上大全体教职员学生开欢送大会,并请汪精卫、胡汉民、谢持诸君到会演讲。先合摄一影以志纪念,然后开会。由上大建筑校舍促进会委员长曾鲁君主席报告,并代表同学致欢送词;次张溥泉答词;继由来宾演讲;末由该校代理校长邵力子代表全体教职员学生致词。欢送以后,即奏乐散会。俟张溥泉出校时,该校全体同学又随送出校外,鼓掌表示最后欢送之诚意。并闻张溥泉不日即行起程云。

《新闻报》1924 年 5 月 8 日第五张第三版

《新闻报》《大公报》《时报》《中央日报》中的 上海大学（1922—1927）

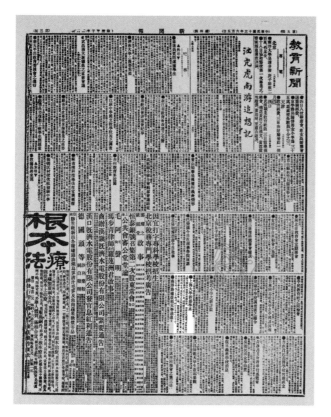

上海大学新添学系

　　上海大学自今春迁至西摩路后，校务甚为发达，近由该校行政委员会议决，自下年起，添开办政治、经济、教育、商业四系，每班定额四十名。其旧有之中国文学、英国文学、社会学三系，美术科、高级中学各添招新生一班，初级中学添招新生两班。其各系部新教授，现正着手聘请，约半月后即可定妥云。

《新闻报》1924 年 6 月 5 日第五张第三版

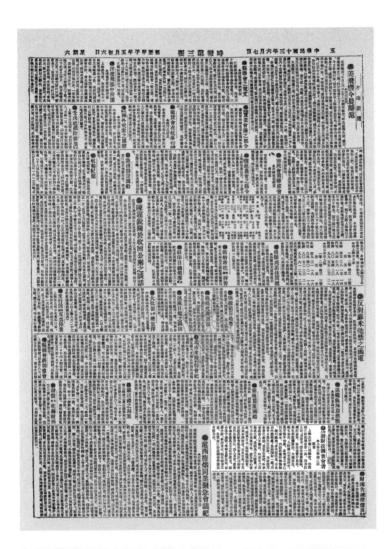

浙財政調查會者

▲上海大學浙江同鄉會

上海大學浙江同鄉會、昨致浙江財政調查會一函、請求加入云、逕啟者、際此強鄰篡竊、國紀淩夷、吾浙省實行自治、與北庭脫離關係、為國為民、義宜如此、凡稍關心於桑梓者、莫不領手相慶、舊我省之未亡於北房也、然而此後時勢洶洶、變幻難測、非內固根基、不足以外禦強虜、是故理財一道、乃為今日最大之急務、夫財政乃全省之命源、自治之基礎、年來省政府入不敷出、相差至三百餘萬之鉅、是誠莫大之隱憂、不可不急為籌措也、諸公熱心省政、贊襄自治、起而組織斯會、以期督理財政、法良意美、至用欽迎在敝會員會議決以浙省旅外公團資格、加入貴會、想貴會為裘達與正之民意起見、諒必准予參預、俾得貢獻蒭蕘、如蒙兪諾、祈即玉示、無任盼祈之至、此致浙江財政調查會請公台鑒云云、

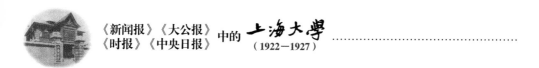

加入浙财政调查会者·上海大学浙江同乡会

上海大学浙江同乡会昨致浙江财政调查会一函,请求加入云。

径启者,际此强藩篡窃,国纪凌夷,吾浙省实行自治,与北庭脱离关系,为国为民,义宜如此。凡稍关心于桑梓者,莫不额手相庆,喜我省之未亡于北虏也。然而此后,时势汹汹,变幻难测,非内固根基,不足以外应强虏。是故,理财一道,乃为今日莫大之急务。夫财政乃全省之命源、自治之基础,年来省政府入不敷出,相差至三百余万之巨,是诚莫大之隐忧,不可不急为筹措也。诸公热心省政,赞襄自治,起而组织斯会,以期督理财政,法良意美,至用钦纫兹敝会委员会议决,以浙省旅外公团资格,加入贵会,想贵会为表达真正之民意起见,谅必准予参预,俾得贡献区区。如蒙金诺,祈即玉示,无任盼望之至。此致浙江财政调查会诸公台鉴云云。

《时报》1924年6月7日第三张第五版

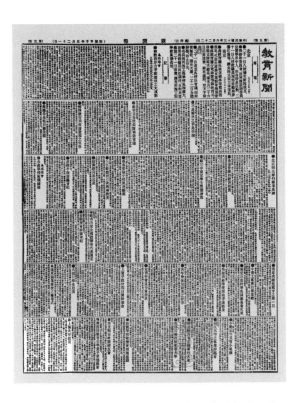

上海大學近況

上海大學浙江同鄉會，於前日下午七時舉開本學期第二次常會，到會同鄉三十餘人，由朱養慚主席，首先主席報告浙江財政調查會暨浙江教育大會情況，及最近紹女師狀況，次會由報告本學期收支帳目，並無異議，遂開始議決下列各案，次會由各委員、(一)調查委員
感戚，教育軍民政，但不得藉挽留方，及增加海省員額，函復浙江教育大會，贊成孫王岡賦，立俟遠奧、(二)調齊委員會決於假前組織，(三)介紹部宗俠介紹投考學校入手，職業介紹從緩，(四)推定朱養慚爲出席浙江財政調查會代表，至鐘鳴十下，茶點而散。

西曆新年上海！舉附設平民學校，於昨日下午七時，在該校大教室舉行畢業式及休業式，到會者有全體學生二百數十人，教職員三十餘人，及來賓朱少屏王瑞三朱琴專國聲等，由故校主任朱養禮主席，發將開會秩序照錄於下，(1)振鈴開會，(2)向國族行三鞠躬敬，(3)同樂，(4)主任報告，(5)來賓王瑞三・朱少屏・馮國磐女士拾致訓，(6)國樂，(7)發給獎品，(8)張琴秋女士拾致詞，(9)戴邦定・學生吳紹先・守州樹演說，(10)全體學生唱歌，(11)閉會，(12)振鈴散會，聞此次畢業者，俱成績最優之學生三十六名云。

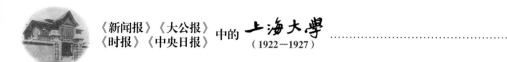

上海大学近况

上海大学浙江同乡会于前日下午七时半开本学期第二次常会,到会同乡三十余人,由朱义权主席。首由主席报告浙江财政调查会、浙江救国大会来函,及最近绍女师状况,次会计报告本学期收支账目,众无异议,遂开始议决下列各案:①代电卢臧,暂容臧军驻浙,但不得骚扰地方,及增加浙省负担;②函复浙江救国大会,赞成将孙王国贼,立像遗臭;③调查委员会决于假前组织;④介绍部先从介绍投考学校入手,职业介绍从缓;⑤推举朱义权为出席浙江财政调查会代表。至钟鸣十下,茶点而散。

西摩路上海大学附设平民学校,于昨日下午七时,在该校大教室举行毕业式及休业式。到会者有全体学生二百数十人,教职员三十余人,及来宾朱少屏、王耀三、朱琴、冯兰馨等,由该校主任朱义权主席,兹将开会秩序照录于下:①振铃开会;②向国旗行三鞠躬礼;③国乐;④主任报告;⑤冯兰馨女士给凭;⑥张琴秋女士给奖品;⑦来宾王耀三、朱少屏、冯兰馨、教员戴邦定、学生陈绍先等相继演说;⑧全体学生唱歌;⑨国乐;⑩余兴;⑪振铃散会。闻此次毕业者,仅成绩最优之学生三十六名云。

《新闻报》1924年6月22日第五张第三版

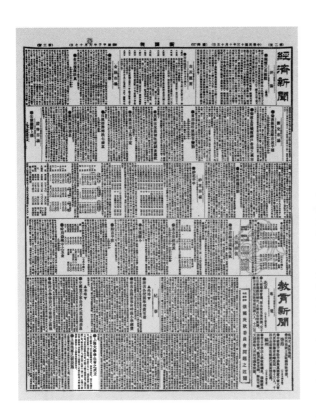

上海大学学生会之成立

上海大学学生,以本校团体虽多,而对内对外,苦于各个分立,无系统与一贯之精神,特于昨日(十三)假该校第二院第七教室,召集全体学生大会,组织"上海大学学生会",议决大纲十条,举出委员十人。杨之华、王秋心、刘一清、王环心、郭伯和、刘剑华、李春蕃七人被举为正式执行委员,林钧、欧阳继修、窦勋伯三人被举为候补委员云。

《新闻报》1924年10月15日第二张第三版

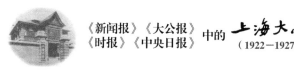

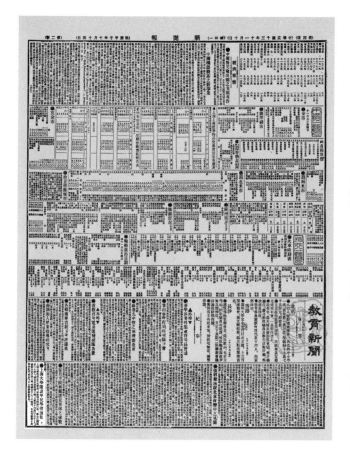

上海大学附设平民学校消息

上海大学附设之平民学校,本学期自开学以来,学生已达四百六十余人,报名者尚络绎不绝,大都为十四岁以上之工人。编制分高、中、初三级,每级分甲、乙二组教授。日前为苏俄十月革命纪念,特于下午七时开庆祝会云。

《新闻报》1924年11月10日第四张第二版

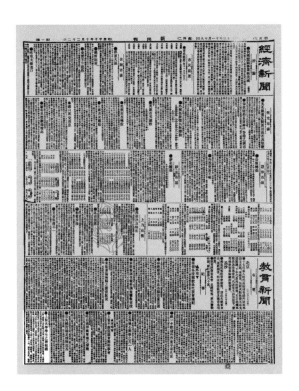

上海大学学生之新组织

上海大学学生所组织之各种小团体,近来颇形发达。宣传文化有"书报流通社",研究学术有"社会科学研究会""湖波文艺研究会""春风文学会""孤星社"及其他种种,增进平民知识有"平民夜校"。近该校一部分学生又有演说练习会之组织,以从事语言之练习,于日前开会讨论简章,选举职员,闻方卓君被选为总干事,王环心、袁耘雪、陈铁庵、陈德圻四君被选为干事。开会为每星期举行一次,练习之方式,系采"演说""辩论""讨论"三种云。

《新闻报》1924 年 11 月 18 日第四张第一版

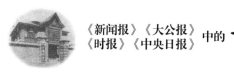

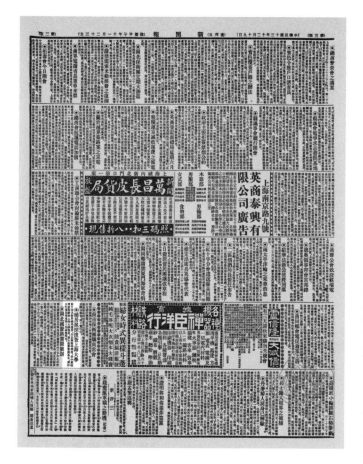

捕房派探搜查上海大学

前日,公共租界总巡捕房向公廨领得牌票,由中西包探至西摩路上海大学搜查,搜出过激书籍甚多。闻昨日已传该校当事人到廨审问矣。

《新闻报》1924 年 12 月 19 日第三张第二版

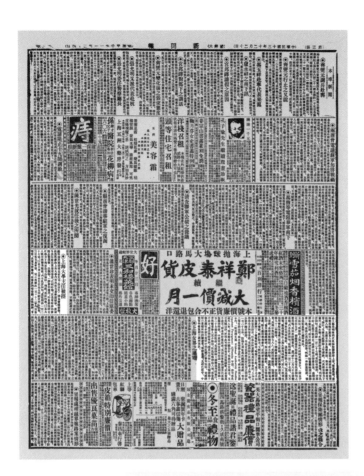

●上海大學主任被控

總巡捕房西暗探長祁文司、熊拉文、譯員曹賜新等、偵悉西摩路上海大學內有出售共產書籍情事、昨晨當時抄出書籍及嚮導報出版物、一併帶回捕房、起訴四事、㊀本月八號出售嚮導報紙、內有仇洋詞句、違犯刑律一百二十七條、㊁並不將主筆姓名住址及印刷者列名該報、㊂出售共產書籍、㊃花西摩路一百二十二號內出售等情、此案未斷審訊、有學界到堂勞聽、甚武探捧、首由工部局刑事科代表梅脫蘭律師上堂、陳述案情、並稱嚮導報係廣東人印刷、今違犯大總統命令報紙章程第八條、且據克威律師上堂譯稱、代表被告邵力子害、請示、又擴克威律師上堂譯稱、代表被告邵力子緩代上海大學、今捕房控告被告出售嚮導報、內有仇洋詞句、違犯刑律一百二十七條、查該項條例、中西不符、控案不能成立、滾將中西法律書呈案、並請求將本案改期、俾可詳細研究云云、陸襄巚察閱中西律書一過、烝商之英馬副領事、判第一件控案註銷、被告退候展期三禮拜再訊、另函云、西摩路上海大學代理校長邵力子、（校長于右任往北京）被總巡捕房控訴出售含有仇洋詞句之嚮導報、其傳票所開案由、爲『於十二月八日出售嚮導報、內含仇洋詞句、犯刑律第一百二十七條、又不將主筆姓名列明報紙、違犯報律第八條』先是捕房

《新闻报》《大公报》《时报》《中央日报》中的 上海大学（1922—1927）

上海大学主任被控

总巡捕房西暗探长祁文司、煞拉文，译员曹赐新等，侦悉西摩路上海大学内有出售共产书籍情事，禀请公共公廨出单搜查等情，已纪昨报。兹悉当时抄出书籍及《向导》报、出版物，一并带回捕房。昨晨将该校主任邵力子传至公共公廨第一刑庭，起诉四事：①本月八号出售《向导》报纸，内有仇洋词句，违犯刑律一百二十七条；②并不将主笔姓名、住址及印刷者列入该报；③出售共产书籍；④在西摩路一百三十二号内出售等情。此案未开审前，有学界到堂旁听，甚为拥挤。首由工部局刑事科代表梅脱兰律师上堂，陈述案情，并称《向导》报系广东人印刷，今违犯大总统命令报纸章程第八条，且藏有许多过激书籍，对于中国政府有害。请示。又据克威律师上堂译称，代表被告邵力子兼代上海大学，今捕房控告被告出售《向导》报，内有仇洋词句，违犯刑律一百二十七条，查该项条例，中西不符，控案不能成立。遂将中西法律书呈案，并请求将本案改期，俾可详细研究云云。陆襄谳察阅中西律书一过，遂商之英马副领事，判第一件控案注销，被告退候展期三礼拜再讯。

另函云，西摩路上海大学代理校长邵力子（校长于右任往北京），被总巡捕房控诉出售含有仇洋词句之《向导》报,其传票所开案由为"于十二月八日出售《向导》报,内含仇洋词句,犯刑律第一百二十七条,又不将主笔姓名刊明报纸,违犯报律第八条"。先是捕房得报,《向导》周报在上海大学刊印发行,于八日派探至该校书报流通处(系学生组织,以便同学购阅者),购得九十二期《向导》。九日请廨发给搜查证,至该校搜查,共到中西包探七八人,先问印报机器,该校办事人答称:本校并无机器,亦不印报,讲义系用誊写板油印。当至讲义处察视,取去讲义数纸。又至书报流通处,除文艺科学等书外,近时新出杂志及有"社会"两字之书籍,概行取去。又问出售《向导》情形,学生答以由广州丁卜书报社寄来,每期三十份。至十七日以传票送达邵君,昨晨由陆襄谳与英领事会讯。上海大学学生多到堂旁听。克威律师代表邵君兼上海大学,由徐维绘君翻译,先起立抗议捕房所引用之刑律第一百二十七条,该条文为私与外国开战者处一等至三等有期徒刑,与本案情节全然不合,虽本条英文译本内(按英译文为 Without Authority Hostile Against Foreigners)之 Hostile 字样,亦可作仇视外人解,惟本廨为中国公堂,自应以中文为主,又引英国法律,说明此等情罪等于谋叛国家,于本案万不适用,请求将控案注销。英副领事略询捕房代表梅脱兰律师后,中西官即宣布所控第一节犯刑律第一百二十七条应即注销。克威律师又称《向导》刊印发行,皆与敝当事人完全无涉,故违犯报律第八条,亦当然不成立。捕房律师声称,捕房所控尚有违反报律第十条及藏有多数有害于中华民国之书报云云。克威律师以案情尚待详细研究,声请展期,且时已近午,中西官判候展期三礼拜再讯。

《新闻报》1924年12月20日第三张第三版

《新闻报》《大公报》《时报》《中央日报》中的 上海大学 (1922—1927)

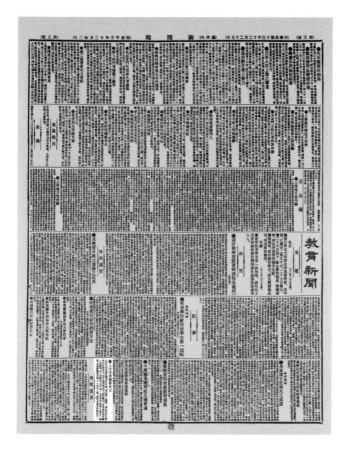

上大壬戌级会成立

上海大学中国文学系三年级，现组织一级会。闻已于本月念四开会成立。宗旨在联络感情、研究学问，及促进该校该级一切设施。第一届职员，为蒋抱一、李迪民、汪钺、周学文四君。并闻该级系民国十一年度入学，故定名为壬戌级会云。

《新闻报》1924年12月27日第三张第三版

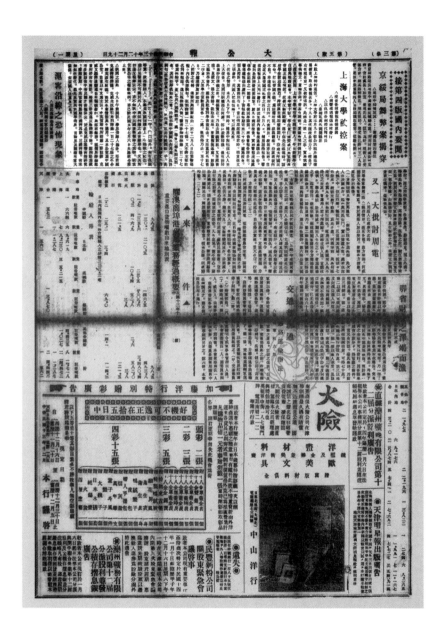

《新闻报》《大公报》《时报》《中央日报》中的 上海大學（1922—1927）

上海大學被控案

△搜查各種書報前後原因
△謂響導週報係該校發行
△妄疑私與外國開戰釁
△以仇洋各詞控訴代理校長

本社上海特約通信。上海大學於本月九日被公共租界總巡捕房搜查。取去書報甚多。十九日其代理校長邵力子（校長于右任現在京）又被控傳訊。此雖是一校一人之事。實與我國學術獨立。言論自由。皆甚有關係。爰誌所聞詳錄於下。

△搜查之原因 上海大學新有學生四百餘人。本年雙十節。學生黃仁因贊成反對軍閥與帝國主義之演說。致被反動派毆擊。孫中山先生抵滬時。該校學生敷迎最熱烈。持校旗派游行。沿途大呼國民革命。打倒帝國主義。專便捕同學勝聞。所售書報種種多有。保學生組織之一團體。派往校內書報流通處去一份。響導週報係由廣州丁卜書報社寄來。每期寄三十份。繼施搜查。其意固有在。當以傳票送達邵君時。明言搜查。而且控訴。英國人把他恨極了。可以想見矣。

△搜查之情形 本月九日下午四時。捕房中西包探七八人至上大搜查。先間印刷機器在何處。答以並無印機。僅有油印器為抄印講義之用。察保實在。乃取去講義數紙。又至藏書樓。見俄文。德文書籍。欲去未果。至書報流通處。則除文藝科學書外。雜語及社會科學書壹取去。尤注意於有社會二字者。又至學生室教員室各一二處。無所得乃去。至十七日。乃從達傳票於邵君。

△控訴之奇特 傳單所與控訴案由（於十二月八日出售聲導報。內含仇洋詞句。犯刑律第一百二十七條。又不將主筆姓名列明報端。違反報律第八條）發者亦知刑律第一百二十七條中所控訴之事由。殆欲示敬中國國民勿再為（仇洋）"Hostile"此詞。內如便具有仇洋詞句。然如使具有仇洋詞句。亦作為（私與外國開戰）乎。此可謂如又可憐者也。英譯（私與外國開戰）"Without authority Hostije against foreigner"此條為我國法權史上一有趣味之紀念。故邵君雖不可擬於外人。與俱有權之必要援用者。又其所控違反報律云云。亦不知我中華民國並報律之為物。此案公佈之報紙售例。亦己於民國五年七月六日大總統令廢止矣。

△訊問之結果 十九日午書開訊。學界務觀人極多。邵君延克威律師辯護。克威先抗辦引用刑律第一百二十七條之不合。而英譯有伕義。而本案情如與外人。且本公堂為中英公堂。自當以甲文為主義。中英官即判所控第一節註銷。克威又繼辦運律師自有佣類發行。而書報所控第三節為違反報律云。奥邵君即判所控第二節註銷。第三節為違反報律。三禮拜後。更付審判。三禮拜後。言論界及國權有重大關係。尚望國人注意及之也。

上海大学被控案

　　△搜查各种书报前后原因
　　△谓《向导》周报系该校发行
　　△以仇洋各词控代理校长
　　△妄拟私与外国开战罪

　　本社上海特约通信　上海大学于本月九日被公共租界总巡捕房搜查，取去书报甚多。十九日，其代理校长邵力子（校长于右任现在京）又被控传讯。此虽是一校一人之事，实与我国学术独立、言论自由皆甚有关系。爰据所闻详录于下：

　　△搜查之原因　上海大学现有学生四百余人，平日鼓励学生自动与服务社会。本年"双十节"，学生黄仁因赞成反对军阀与帝国主义之演说，致被反动派殴毙。孙中山先生抵沪时，该校学生欢迎最热烈，持校旗至码头整队游行，沿途大呼国民革命、打倒帝国主义，为法捕所阻，校旗被夺，持旗者被拘不屈，卒达抵中山寓所之目的，代表释放，校旗亦取回，自是遂大遭帝国主义者之注目。本月八日，捕房称得报告，《向导》周报系上大刊印发行，派探至校内书报流通处购去一份，遂向公廨请发搜索谕单，于九日到校检查。实则书报流通处系学生组织之一团体，专便同学购阅，所售书报各种多有，《向导》周报系由广州丁卜书报社每期寄来三十份。遽施搜查，而且控诉，其意固别有在。当以传票送达邵君时，明言孙文主张废约，英国人把他恨极了，可以想见矣。

　　△搜查之情形　本月九日下午四时，捕房中西包探七八人至上大搜查，先问印刷机器在何处，答以并无印机，仅有油印器为抄印讲义之用。察系实在，乃取去讲义数纸。又至藏书楼，见俄文、德文书籍，欲取去未果。至书报流通处，则除文艺科学书外，杂志及社会科学书尽取去，尤注意于由"社会"二字者。又至学生室、教员室各一二处，无所得乃去。至十七日，乃送达传票于邵君。

　　△控诉之奇特　传单所列控诉案由"于十二月八日出售《向导》报，内含仇洋词句，犯刑律第一百二十七条，又不将主笔姓名刊明报端，违反报律第八条"。读者亦知刑律第一百二十七条为何物乎？盖"私与外国开

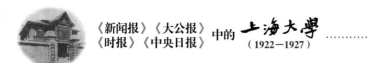

战者,处一等至三等有期徒刑"也,其所控罪名如此之重,殆欲示儆中国国民勿再为"仇洋词句",然即使具有仇洋词句,可作为"私与外国开战"乎?此诚可恨而又可笑者。然其致误亦有故,盖若辈不识华文,乃凭英译,英译"私与外国开战"为"Without authority hostile against foreigners",此"Hostile"一字,除开战外,尚有仇视等意,故邵君语人,本案为我国法权史上一有趣味之纪念,益以见警权不可操于外人,与领判权之必当撤废也。又其所控违反报律云云,亦不知我中华民国并无报律之为物,只袁世凯公布之报纸条例,亦已于民国五年七月六日大总统令废止矣。

　　△讯问之结果　十九日午前开讯,学界旁听人极多。邵君延克威律师护。克威先抗辩引用刑律第一百二十七条之不合,谓英译有歧义,而于本案情节万不适用,且本公堂为中国公堂,自当以中文为主云。中英官即判所控第一节注销。克威又继辨[辩]护《向导》自有编辑发行,与邵君无涉。而捕房律师起言所控尚有两节,即第三节为违反报律第十条,第四节为藏有多数妨害中华民国之书报云云。于是,克威以案情尚待研究,声请展期,中英官遂判展期三礼拜再讯。三礼拜后,尚未知如何变化,然此案实与我国学术界、言论界及国权有重大关系,尚望国人注意及之也。

《大公报(天津)》1924年12月29日第三张第五版

1925 年

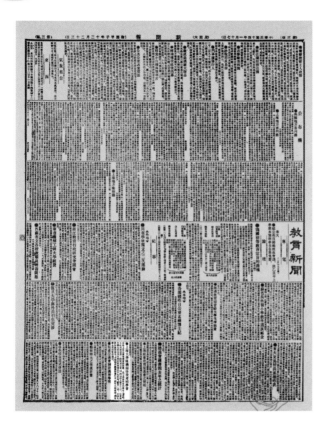

上海大学组织招待投考同学会

　　本埠上海大学寒假留校同学，近有招待投考同学会组织。日昨在该校第一院开成立会，议决招待人数分三组，以备投考学生在未考前，对于该校情形不明悉时，顾问一切。并闻凡该校录取新生，在假期内只缴宿费三元，即可入校寄宿，与籍学生受同等待遇云。

《新闻报》1925年1月17日第三张第三版

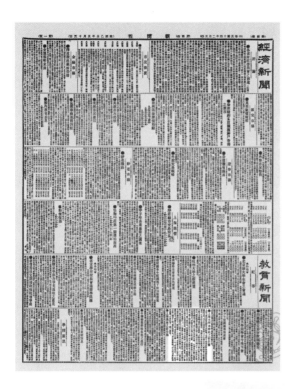

●上海大學本學期之新計畫

上海大學校務長劉含初辭職，現經行政委員會將校務長改為總務主任，現由代理校長邵力子改聘北京大學理學士韓覺民擔任，已於前日就職矣，英國文學系新聘英文鉅子復旦大學文學士周越然擔任主任職務，并聘請香港大學文學士朱復為教員，聞悉該系本學期之新計畫約有四端如下，㈠預科方面、擬採用歐美大學□所注重之世界文學，以採英文學之淵源，並旁搜博考，誦讀世界各種文學名著，而得文雅教育之價值，㈡設貫迪，復了解文學為文化之小傳，以助進共學業 ㈢設英文著名文學作品雜誌報章，備學者之參研，以助進共學業 ㈢設備方面、除堂課外、㈠擬舉行師生課外學業談話，俾教者學者均有詢問討論解決之機會，而深切共觀摩之全、㈡擬組織練習演講、㈢擴充方面、英語話青學一科，其為重要，故社會方面之需要女啟，擬於開學後、成立該學程、而主任或專家擔任演講、以供社會一般之學習、

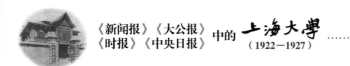

上海大学本学期之新计画［划］

上海大学校务长刘含初辞职，现经行政委员会将校务长改为总务主任，现由代理校长邵力子改聘北京大学理学士韩觉民担任，已于前日就职矣。英国文学系新聘英文巨子、复旦大学文学士周越然担任主任职务，并聘请香港大学文学士朱复为教员。闻悉该系本学期之新计画［划］约有四端如下：①教科方面，拟采用欧美大学现所注重之世界文学，以探英国文学之渊源，并旁稽博考，选读世界各种文学名书，使学者对于文学既能贯通，复了解文学为文化之小传，而得文雅教育之价值。②设备方面，拟于开学后，即筹备陈设该系之图书室，添购英文著名文学作品、杂志、报章，备学者之参研，以助进其学业。③教学方面，除课堂外，（一）拟举行师生课外学业谈话，俾教者学者均有询问讨论解决之机会，而深切其观摩之益；（二）拟组织英国文学研究会，请绩学之士演讲，并使学者得以发抒心得，练习演讲。④扩充方面，英语语音学一科，甚为重要，故社会方面之需要甚殷，拟于开学后，成立该学程，由主任或专家担任演讲，以供社会一般之学习。

《新闻报》1925年2月5日第四张第一版

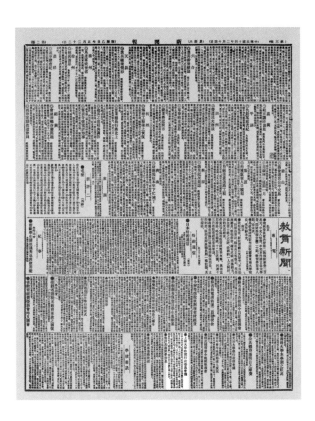

上海大学昨开行政委员会议

　　本埠上海大学,因开学期近,该校最高行政机关行政委员会,特于日昨举行第十八次会议,讨论今后进行方针。兹探闻该会讨论事件如下:①报告上学期决算;②审查本学期预算;③规定开课日期;④办理伙食方法;⑤整理图书馆,组织图书委员会,推定周越然、陈望道、施存统三主任为委员;⑥议定学校徽章形式,职员、学生、校役以三种颜色为分别云。

《新闻报》1925年2月14日第三张第二版

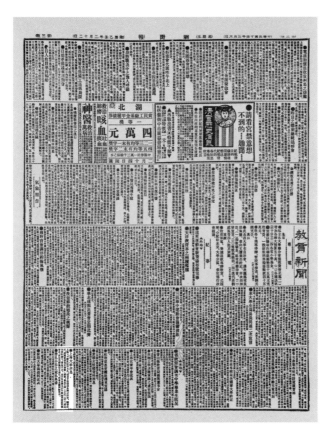

上海大学消息

上海大学历史虽不甚久,但自于右任校长来校以后,办事得法。兹闻该校业于前数日开课,旧生已到三分之二以上,即此次考取新生,亦复不少。近日各省学生仍有陆续来校要求补考者,该校为体恤学生起见,特准其随到随考云。

《新闻报》1925年3月6日第二张第三版

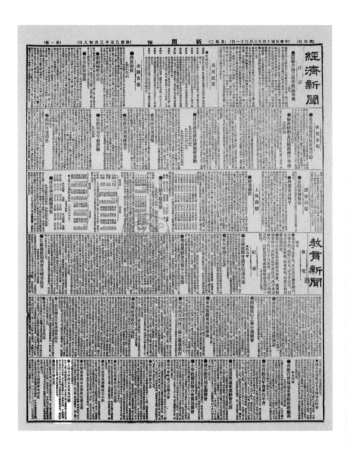

上海大学聘张致果为校医

昨日上海大学总务处布告云,本校业已聘定医学博士张致果先生为本校校医。先生留学德国六年,医学精纯,手术熟练。每星期四日上午来校诊治,其余期间有愿意诊治者,即在本处领取诊病诊证,亲往该处诊治云云。

《新闻报》1925年3月31日第四张第一版

上大浙同乡会开会

上大浙江同乡会,于前晚在该校大教室开全体大会,到者四十余人,贺威圣主席。开会顺序:①主席致开会辞;②出版、讲演、调查各委员及会计报告上届经过情形;③修改章程;④讨论会务进行;⑤改选职员。并议决:①即行召集出版、演讲、调查各委员会,以便分头进行;②于最近期内出不定期刊一种;③每星期举行演讲会一次;④请调查委员协同征求会员,并于即日起征。

《新闻报》1925年4月5日第三张第四版

上大女同学会成立

本埠西摩路上海大学女同学会,筹备已逾半月,昨日下午七时,在该校开成立大会。到者有来宾及教职员及各班女同学三十余人,推丁镜娟主席,其顺序:①主席致开会辞;②全体唱国歌;③通过章程;④来宾及教职员演说;⑤选举职员;⑥茶点;⑦余兴。

《时报》1925年5月3日第二张

上海大学学生何念慈遗像

《时报》1925年6月5日第二张第三版

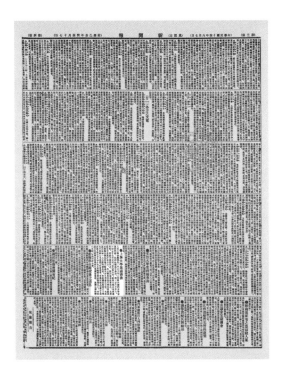

上海大學集議善後

上海大學被難學生，昨日下午二時假小西門少年宣講團開會，該校教職員亦參加，到一百六十餘人、由校長于右任主席、宣布開會詞、略謂本學此次雖遭解散、然並不因茲灰心、除討論善後事宜外、且將從事於進展計畫云云、次由職員韓覺民學生賀威聖相繼報告被迫解散之經過及前日開會之情形、次議決組織一上大臨時委員會、由教職員推出三人學生推出四人爲委員、計當選者、有施存統、韓覺民、侯紹裘、秦治安、韓步先、朱義權、賀威聖等七人、幷經議決住校學生由學校代覓膳宿場所、走學生則由學生自辦、至四時許散會、

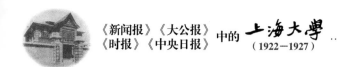

上海大学集议善后

　　上海大学被难学生于昨日下午二时,假小西门少年宣讲团开会,该校教职员亦参加,到一百六十余人。由校长于右任主席,宣布开会词,略谓本学〈校〉此次虽遭解散,然并不因兹灰心,除讨论善后事宜外,且将从事于进展计画[划]云云;次由职员韩觉民、学生贺威圣相继报告被迫解散之经过及前日开会之情形;次经议决组织一上大临时委员会,由教职员推出三人、学生推出四人为委员,计当选者,有施存统、韩觉民、侯绍裘、秦治安、韩步先、朱义权、贺威圣等七人。并经议决住校学生由学校代觅膳宿场所,通学生则由学生自办,至四时许散会。

《新闻报》1925年6月7日第三张第四版

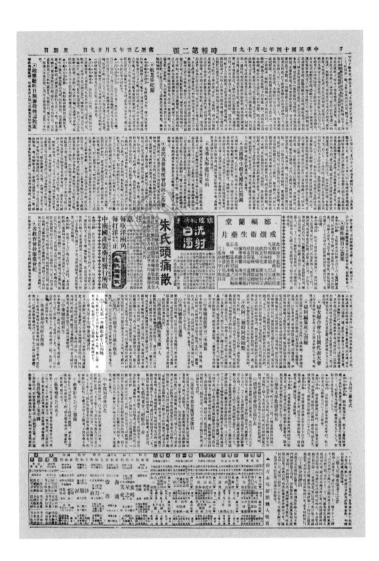

上大第一次录取新生已揭晓

上海大学前于十五、六日假艺术大学举行第一次新生试验,取录六十人,已揭晓。闻将继续招生。

《时报》1925年7月19日第二张

《新闻报》《大公报》《时报》《中央日报》中的 上海大学（1922—1927）

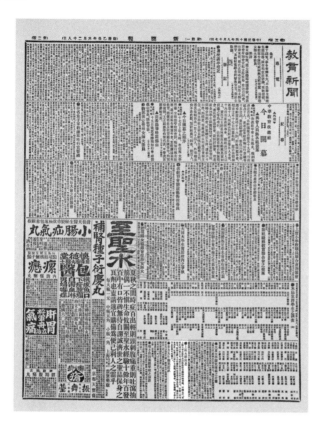

上海大学消息

上海大学自被外兵迫散后，租定临时〈时〉办事处，积极进行，并在宋园添筑校舍。惟该校校长于右任现在北京，前数日因有要事，该校总务主任韩觉民特往京与于校长面商。据该校所传消息，韩觉民已于昨日回沪，所办事项，已有头绪。于校长下星期即可回沪云。

《新闻报》1925年8月17日第三张第二版

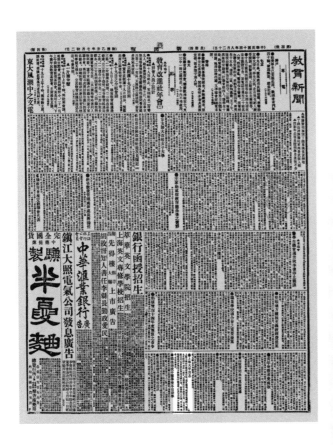

上海大学消息

　　上海大学在宋园建筑校舍,迭见报端。但原定规模颇小,预定九月间即可成功一部分,至开学时可作课堂之用(宿舍仍不能成功)。现该校因募捐成绩颇佳,拟将原定计画[划]从事扩充。惟建筑须多费时日,开课时不能应用,已决定在闸北租临时校舍,先期开学云。

《新闻报》1925年8月20日第四张第四版

《新闻报》《大公报》《时报》《中央日报》中的 上海大学（1922—1927）

上海大学昨讯

上海大学在宋园建筑校舍，迭见本报。原定规模不大，预定九月间即可成功一部分，至开学时可作课堂之用。现该校因募捐成绩颇佳，拟将原定计划从事扩充，惟建筑须多费时日，开课时不能应用，故已决定在闸北租临时校舍，先期开学。

《时报》1925年8月20日第二张第四版

各学校新消息·上海大学

上海大学本学期决定先租临时校舍开课,兹已在闸北青云路师寿坊租定,课堂宿舍俱全,刻正装设电灯,布置一切。大约在开课期(九月十日)前,可以完全迁入。

《时报》1925年8月28日第二张第四版

《新闻报》《大公报》《时报》《中央日报》中的 上海大学 (1922—1927)

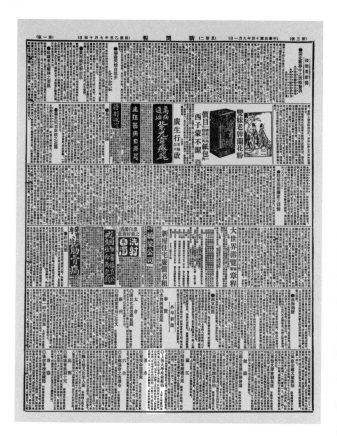

上海大学来镇募捐

　　上海大学募捐团推举委员仇培之等两人来镇,昨特假寓本埠学联会,召集各界领袖,宣传上海罢工近时需款情形,请求援手救济。当由各界分别捐助约二百数十元,交由该两员掣收。今日(一日)已由镇渡江,前往扬州劝募矣。

《新闻报》1925年9月1日第三张第一版

来函

启者：敝校因校址被外兵占领，故于宋园新建校舍，业已迭志各报。鄙等受于右任先生之委托，募集经费为建筑之用。前抵镇江，深得各界赞助，除检查劣货会慨助二百元外，另由商学两界要人受册代募。前见贵报镇江通信一则，内载募得二百余元，援助工人等语均非事实，特请更正。嗣后关于此项消息当随时函告，以免讹误。

上海大学代表吴卓斋、仇培之

《新闻报》1925年9月8日第三张第一版

《新闻报》《大公报》《时报》《中央日报》中的上海大学（1922—1927）

上海大学湘社成立

本埠上海大学之湘籍教职员学生有上大湘社之组织,其宗旨为联络乡谊,切磋学术,促进桑梓文化。于前十六夕开成立大会,到社员三十余人,来宾百数十人。其开会秩序,冗长不便备记,除通过章程、选举职员外,该社社员田汉、李季诸君,均有极警辟之演说,并有来宾游艺社员游艺多种,及梅兰芳《天女散花》等电影以助余兴,直至十一时始尽欢而散。该社共有执行委员十五人,分总务、出版、交际、研究、游艺等五部。闻其成立后第一种工作,即为筹备出版刊物。

《时报》1925 年 10 月 18 日第二张第三版

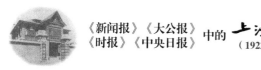

上海大学举行三周纪念

上海大学以昨日为该校成立之三周纪念日,于昨、今两日完全给假,以资纪念。并闻昨日上午,该校并召集全体学生在校举行纪念会,除敦请教授演讲外,并表演各种游艺。晚间且演新剧,以助兴趣云。

《时报》1925年10月24日第三张第五版

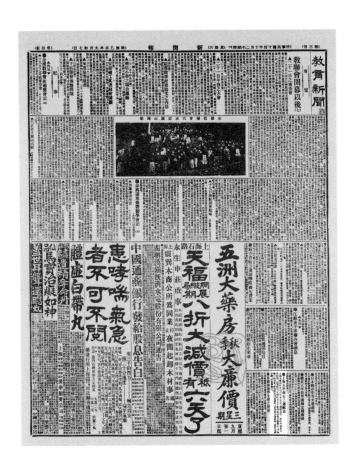

上海大学举行三周纪念

上海大学以昨日为该校成立之三周纪念日,于昨、今两日完全给假,以资纪念。并闻昨日上午,该校并召集全体学生在校举行纪念会,除敦请教授演讲外,并表演各种游艺。晚间且演新剧,以助兴趣云。

《新闻报》1925年10月24日第三张第四版

上大非基督教同盟大会成立

本埠上海大学所组织之非基督教同盟,于本月六日午后七时,在该校举行成立大会,到会人数三百五十余人。首由主席饶漱石宣告开会,并报告开会宗旨,梁郁华报告筹备经过情形;次通过章程及宣言,并选举职员,结果饶漱石、韩光汉、赵全权、刘汉钦、孙金镜五人为该会执行委员,马英、张文斐为候补委员;次由高语罕、恽代英、杨贤江、萧楚女诸先生讲演。延至十时余始行散会。

《时报》1925年11月9日第二张第五版

上大台州同学会成立

该会在数日前开成立大会,通过简章,选出职员,并议决:①每周二人轮流讲演,讲题由演员自由命题;②编辑、暂发行月刊,将来于能力充裕时,改为半月刊或周刊,定名《台州评论》,不日可出版;③调查、责成调查员限半月内调查台州旅沪学界人数,预备组织台州旅沪学会,为大规模之运动云。

《时报》1925年11月16日第二张第五版

《新闻报》《大公报》
《时报》《中央日报》中的 上海大學(1922—1927)

上大社会系成立同学会

上海大学社会学系第一届同学会，于昨日上午十时在该级教室开成立会，到者全级同学四十余人，公推朱义权为主席。首由主席报告组织同学会之趣旨及筹备经过；次通过章程十条，并推举朱义权为总务部主任，马峻山为文书，杨国辅为会计，施味辛为研究部主任，高尔柏为讲演，韩福民为调查，李春锌[鏵]为出版部主任，陈伟天为编辑，薛成章为发行，朱义权、朱[李]春锌[鏵]、王振猷为出席本校各系代表会议代表。并议决：①本学期内出版会刊一册；②本星期日下午六时在某菜馆举行联欢聚餐会云。

《新闻报》1925年11月18日第三张第四版

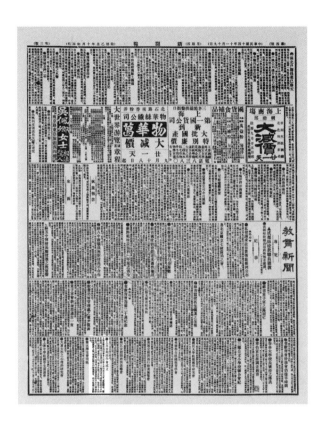

上大台州同学会成立

上海大学台州同学会已于数日前开成立大会,通过简章,选出职员,并议决:①演讲,每周二人轮流讲演,讲题由演员自由命题;②编辑,暂发行月刊,将来于能力充裕时,改为半月刊或周刊,定名《台州评论》;③调查,责成调查员限半月内调查台州旅沪学界人数,预备组织台州旅沪学会,为大规模之运动云云。

《新闻报》1925年11月19日第四张第三版

《新闻报》《大公报》《时报》《中央日报》中的 上海大学（1922—1927）

艺术界消息

上大剧团成立以来，成绩卓著。前该校开三周纪念大会，曾加入表现，颇得观众之赞誉。近闻该剧团定于本月二十二日（即本星期日）晚七时，在该校作第二次之公演，剧本为《可怜闺里月》。饰女主角婉仙者，为诗人兼新文学家曹雪松君；饰男主角亚夫者，为陈怀璞君。该剧团为绝对公开起见，不用入场券，无论何人均欢迎参观云。（辉清）

《时报》1925年11月19日第三张

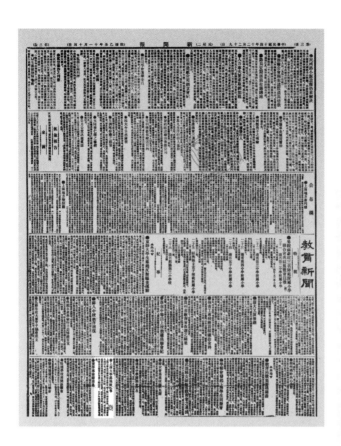

上海大学募捐队赴粤

上海大学自西摩路校舍被封,迁入临时校舍以后,积极筹备自建校舍。闻现已觅定地点,俟各地捐款收齐,即预备开工。兹更由该校建筑校舍募捐委员会,组织募捐队,赴粤募捐,其内容分文书、会计、宣传、交际四组,已于昨晚搭新华轮船起程矣。

《新闻报》1925 年 12 月 29 日第三张第三版

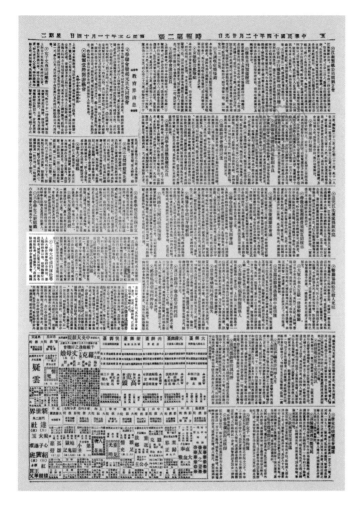

上海大学募捐队赴粤

上海大学自西摩路校舍被封,迁入临时校舍以后,即积极筹备自建校舍。闻现已觅定地点,一俟各地捐款收齐,即预备开工。兹更由该校建筑校舍募捐委员会,组织募捐队,赴粤募捐,其内容分文书、会计、宣传、交际四组。已于昨晚搭新华轮船起程。

《时报》1925年12月29日第二张第五版

1926 年

《新闻报》《大公报》《时报》《中央日报》中的 上海大学（1922—1927）

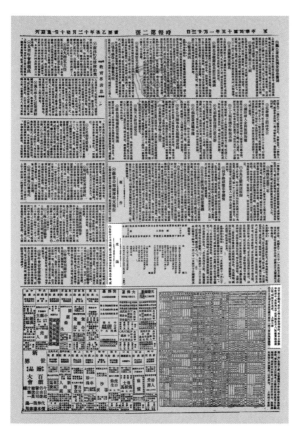

来函

①贵报今日本埠栏，载"中国济难会救恤周水平事，周水平，原名刚直，前任上海大学教授"等语，查本大学历年教授中，并无周水平或周刚直其人，所载实系传闻之误，请即更正为感。

上海大学

《时报》1926年1月23日第二张第五版

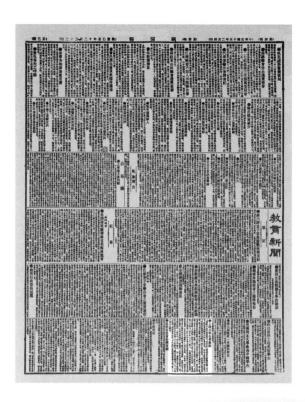

上海大學在粵募欵

上海附中主任侯紹裘君，此次由江蘇派往出席國民黨二次大會，該校募捐隊亦同時赴粵募捐，聞侯及該校代理校長邵力子君教授高語罕君俟鄧氏，前日俟君回申，教校詢以募捐成續，據云極可樂觀，廣州國民政府汪主席任名譽國民、總工會重要職員前該校總務主任鄧中夏君亦任國民、統一廣東各界聯合會等，以實際上之援助，組織一援助上大募捐大會代表團，到廣州集三千餘元，此外又向各軍及黃埔等各軍校廣州政界學界商界等勸募，並由統一廣東各界聯合會介紹於全省各縣知事、遊共員實勸募、各縣知事亦均表示願任，又特派募捐團一部團員，分頭赴汕頭及梧州一處，至對於廣州一般市民，則出衛徹欸，由工會農民協會學聯會等全體勤員出外兜售，以上各辦法，視至侯君離粵之日，均尚未結束，惟據侯君估計，大約此行直接間接募得之欵，當不下十萬元之譜云、

上海大学在粤募款

　　上海[大]附中主任侯绍裘君,此次由江苏派往出席国民党二次大会,该校募捐队亦同时赴粤募捐。举侯及该校代理校长邵力子君、教授高语罕君为队长。前日侯君回申,该校询以募捐成绩,据云极可乐观。广州国民政府汪主席任名誉团长,总工会重要职员、前该校总务主任邓中夏君亦任团长,统一广东各界联合会等百余团体,组织一援助上大募捐团,发表宣言,并愿与以实际上之援助。初向全国代表大会各代表劝募,当场捐集三千余元,海外代表尤为热心。港侨回粤恳亲团到广州,亦向之捐募。此外,又向各军及黄埔等各军校、广州政界、学界、商界等劝募,各有其本机关中人为之介绍,并由统一广东各界联合会介绍于全省各县知事,请其负责劝募,各县知事亦均表示愿任。又特派募捐团一部团员,分头赴汕头及梧州二处。至对于广州一般市民,则出售徽章,由工会、农民协会、学联会等全体动员出外兜售。以上各办法,截至侯君离粤之日,均尚未结束。惟据侯君估计,大约此行直接间接募得之款,当不下十万元之谱云。

《新闻报》1926年2月4日第四张第三版

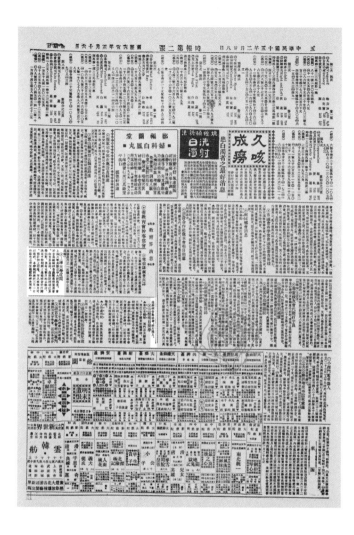

上海大学近闻

上海大学为筹百年大计起见,曾于去岁组织校舍建筑募捐委员会,向各界募捐。兹闻该校现已募得捐款,与原定数目相去无几,决定本学期开工建筑校舍于江湾,预计加工赶造,至久两个月可以完成。本学期则将于三月一日在原有之青云路临时校舍开学。迨新校舍落成后,即行迁入。

《时报》1926年2月28日第二张第五版

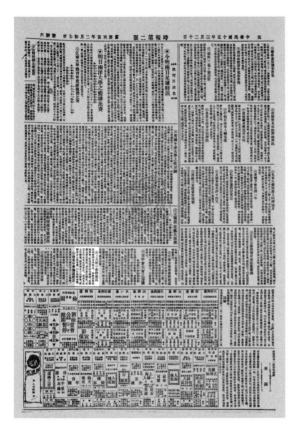

上大附中新聘教员

该校新请各科教员,如蒋光赤任社会学,梅电龙任政治经济,朱复、刘志新任英文,毕任庸任国文,王芝九任文化史、近世史,吴庶五女士任图画,张世瑜女士任数学,徐诚美女士任音乐,均已到校授课。

《时报》1926 年 3 月 20 日第二张第五版

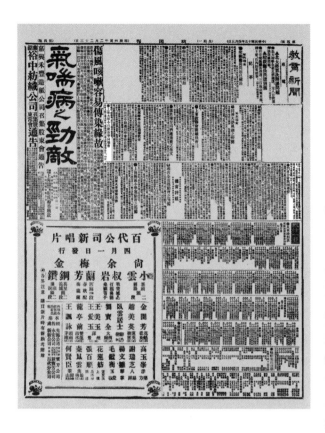

上海大学今日开春季同乐会

本埠上海大学及附中,为欢迎新同学及联络感情起见,特定于今日下午一时,在该校社会学系第五教室举行春季同乐会。其秩序已拟定者,除主席报告及自由演讲外,并表演双簧、唱歌、粤曲、跳舞、英文唱歌、京曲、新剧、火棍、国技、宁波调等各种游戏。校外人亦可随意参加。

《新闻报》1926年4月5日第四张第四版

《新闻报》《大公报》《时报》《中央日报》中的 上海大学 (1922—1927)

上海大学购地建筑校舍会勘立界

本埠上海大学校舍建筑委员会,近在江湾购定地基一段,计二十余亩,昨日已交换钱契,并由该会委员亲莅该地,会勘立界。又该校募捐委员会以校基既已决定,开工在即,正发函催各募捐人赶交捐款云。

《新闻报》1926年4月9日第三张第一版

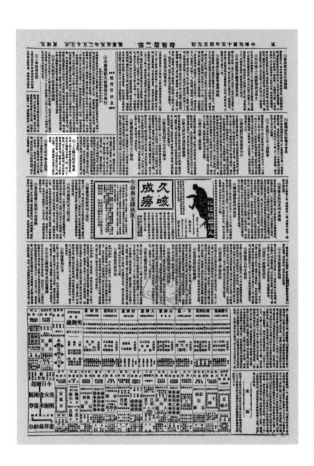

上大购定校舍地基

本埠上海大学校舍建筑委员会,近在江湾购定地基一段,计二十余亩,昨日已交换钱契,并由该会委员亲莅该地,会勘立界。又该校募捐委员会,以校基既已决定,开工在即,正发函催各募捐人赶交捐款。

《时报》1926年4月9日第二张第五版

《新闻报》《大公报》《时报》《中央日报》中的 上海大学（1922—1927）

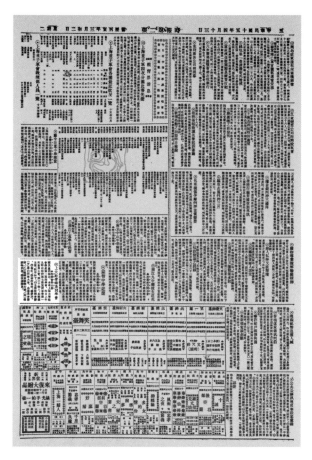

上大社会学系同学会·昨开会员大会

国民通讯社云，本埠上海大学社会学系第一届同学会，昨日上午九时在该校第七教室开春季第一次会员大会，到三十余人，朱义权主席。程序如下：①主席致开会辞；②报告；③修改章程；④议决，（甲）举行同学大会，由委员会筹备，（乙）组织西湖旅行团，（丙）催缴特别捐；⑤改选职员。

《时报》1926年4月13日第二张第五版

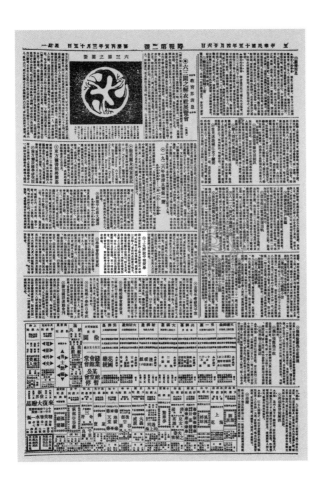

上大附设平校开学

闸北青云路上海大学附设平民学校,于昨晚七时行开学礼,到学生三百余人。首由校长张庆孚报告;继由来宾韩觉民、高尔柏、章毓寄、张崇德、萧绍郧等致勉词,语多肯要;复由教务长邓定人、总务长秦秉悟及崔小立、傅冠雄、熊世齐诸教员训话;末由上大同学唱演京曲、双簧、魔术、丝竹及留声机。至十时许散会。闻该校邓教务长曾任湖南县教育会会长,对于办学及训练极有经验。

《时报》1926年4月26日第二张第五版

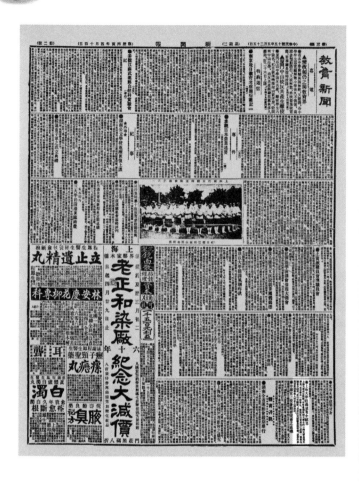

上海大学组织职业介绍部

上海大学成立数载,本年暑假该校大学本科中国文学系、英文学系,各有学生一班毕业。据闻,该校当局现已组织一毕业生职业介绍部,并印有简章,及委托介绍职员表等物,以便外界需要该校毕业人材者之接洽云。

《新闻报》1926年5月25日第三张第二版

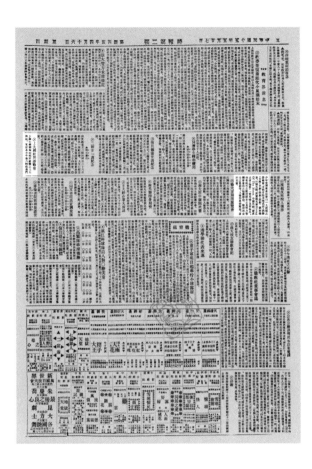

上大湘社开游艺会

上海大学湖南同乡所组织之上大湘社,定于本日午后六时,假西门少年宣讲团会址举行一大规模之游艺会。其节目除各种武技、跳舞、火棒、京剧、歌剧、猴剧、钢琴独奏、法国名歌、爱尔兰名著 *Rising Of The Moon*、中国名剧《获虎之夜》《湘累》《一只马蜂》及其他外,尚有社外之黎明晖女士及明月音乐会会员之《晓霞舞曲》、黎清照女士之昆曲等。入场券专备赠送,并不出售。

《时报》1926年5月27日第二张第五版

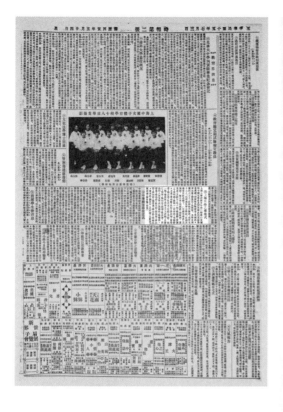

上海大学之毕业式

　　上海大学于前日午后二时举行文艺院中国文学系及英文学系丙寅级毕业典礼。到教职员陈望道、周越然、周由廑、韩觉民、朱复等,及学生、来宾约六百人。该校此次毕业共有五十二人,均授与文学士学位。兹将其毕业生姓名录下:(中国文学系)高怀诚、陈子英、胡国隆、张维祺、黄万咸、王启元、马子恒、钱家麟、黄让之、徐呵梅、蒋抱一、符育英、吴鹤龄、王惠、黄绍衡、朱松、徐绍彬、曹鸿恩、杨志英、汪式玉、汪超、吴森、张一魁、陈荫南、周学文、王道纯、孔庆仁、明哲、陶同杰、刘镛、陈嘉书、郭伯和;(英文学系)施锡祺、陈擎鼎、曹震、蔡鸿烈、俞光彩、张崇德、蒋如琮、蒋同节、杨学濂、张由嘉、林福民、黄竟成、刘卓平、王友伦、孔庆波、陈琣璘、陈曾翼、徐寅。

《时报》1926 年 7 月 3 日第二张第五版

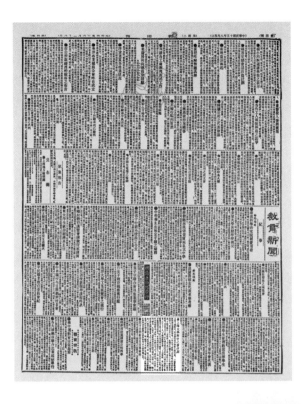

● 上海大學附中之新計劃

上海大學附中、自去歲決定作蒲界自建校舍、一面曾租賃雲路師壽坊爲臨時校舍、一年以來、因無當地址、致新校舍無從動工、直至本年五月、始聘定江灣西首地三十畝、前作爲校基、月餘來關於一切建築事宜、進行成速、業於八月一日開工建築、全部校舍工程、由久泰建築公司承辦、俟校本屆高中畢業、計三十二人、下學期擬擴充學額、大加發展、此縣黨部分頗贊洽、訂定保送學生條件、特訂自本年底起、招收縣黨保送免試學生、本屆免試學額定八十名 高初中各半、此外各級挿班生、及初中一年級新生、仍照例招考、政校近一年來、學生日見增多、現該校侯主任因事留學、校務主持、暫由副主任沈鵬調貧繼行、下學期教職員、正在物色、尸聘定者、有敎務主任鄔伯齊、社會學蔣光赤、社會問題及修辭學錢館逑、高中國文鴻一眛、論理人生哲學楊賢江等、其他知文學史哲學政治經濟法制等敎員、不日即將聘定云、

上海大学附中之新计划

上海大学附中,自去岁决定在华界自建校舍,一面暂租青云路师寿坊为临时校舍。一年以来,因无适当地基,致新校舍无从动工,直至本年五月,始购定江湾西首地三十余亩作为校基。月余来,关于一切建筑事宜,进行甚速,业于八月一日开工建筑。全部校舍工程,由久泰建筑公司承办。该校本届高中毕业计三十三人,下学期拟扩充学额,大加整刷,业已与各省县党部分头接洽,订定保送学生条件,特订自本年度起,招收民党保送免试学生,本届免试学额定八十名,高、初中各半。此外,各级插班生,及初中一年级新生,仍照例招考。该校近一年来,学生日见增多,现该校侯主任因事留粤,校务主持,概由副主任沈观澜负责进行。下学期教职员正在物色,已聘定者,有教务主任钟伯庸、社会学蒋光赤、社会问题及修辞学陈望道、高中国文冯三昧、论[伦]理人生哲学杨贤江等,其他如文学史、哲学、政治、经济、法制等教员,不日即将聘定云。

《新闻报》1926年8月4日第四张第四版

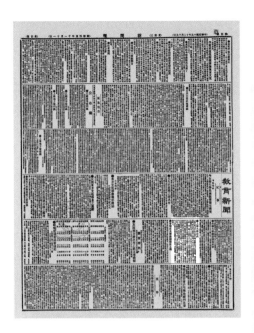

上海大学近讯

　　上海大学为于右任所手创,开办以来,已逾四载。惟以校舍问题,学生尚未能充分发达。今年五月,由该校建筑委员会在江湾购得民地二十余亩,七月兴工,现已全部工竣。计共西式三层,房三幢,可容学生六七百人,准于下学期迁入。刻该校正筹备庆祝落成典礼,于元旦举行。另设筹备委员会,由沈雁冰、冯三昧、陈望道、胡朴安、周由廑等,筹备一切,并发印校舍落成纪念特刊,其所需费用,已由校中提出一千元。又该校自校舍落成,原拟于明正迁入,惟上海租例,十二月、正月两月不能迁徙,故定于旧历十二月初,将杂物一应搬入。课程方面,则准提早结束。自二十日起举行学期考试,至二十七号止。元旦举行落成典礼后,即行放假,所缺课程,下学期再行补授云。

《新闻报》1926年12月15日第四张第四版

《新闻报》《大公报》《时报》《中央日报》中的 上海大学（1922—1927）

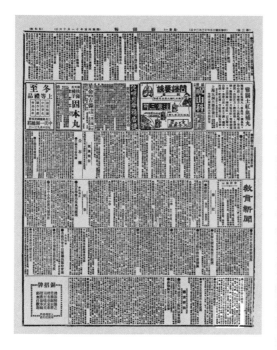

上大附中扩大招生

上海大学已在江湾建造校舍，且定明年元旦举行落成大典礼节，迭志本报。顷闻该校附属中学，拟乘新校舍告成之机，锐意发展，扩大招生。本月十九日，曾召集第一次招生委员会，当场举定张崇德、许德良两人为交际委员，钟伯庸为常务委员，高尔柏、陈贵三、萧觉先等分别命题，并兼负监试、阅卷等责任。一面决定函致国内各省国民党部，特约保送投考学生；并向本埠及武昌、汉口、九江、南昌各地各大报馆遍登广告外，另约定本埠国民党特别市党部及杭州省教育会、蚌埠皖北中学、武昌军事政治学校等处为报名之所。同时，招生委员会拟陈请学校最高机构，酌减学费，俾寒素子弟，可以群来入学。以上各项计画［划］，均已积极进行。预料该校前途，必大可发展云。

《新闻报》1926 年 12 月 20 日第三张第四版

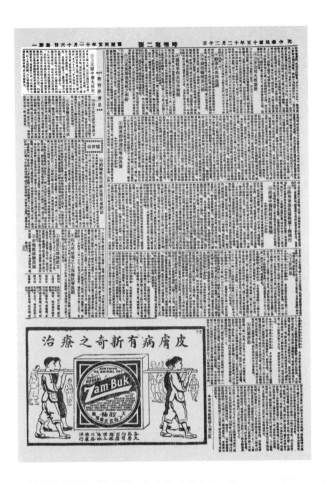

⊙上大附中擴大招生

教育界消息

本埠上海大學、已在江灣建造校舍、且定明年元旦舉行落成大典禮、各節迭誌本報、頃聞該校附屬中學、擬乘新校舍告成之機、銳意發展、擴大招生、本月十九日、會召集第一次招生委員會、當場舉定張崇德、許德良兩人為交際委員、鍾伯庸為常務委員、高爾柏、陳費、蕭憝先等分別命題並簽負監試閱卷等責任、一面決定函致國內各省國民黨部特約委員、並向本埠及武昌漢口九江南昌各地各大報館徧登廣告外、另約定本埠國民黨特別市黨部及杭州省教育會蚌埠皖北中學武昌軍粵政治學校等處為報名之所、同時該招生委員會擬陳請學校最高機關酌減學費、俾寒素子弟、可以羣來入學、以上各項計劃、均已積極進行、預料該校前途、必大可發展云、

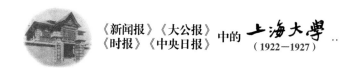

教育界消息·上大附中扩大招生

本埠上海大学已在江湾建造校舍，且定明年元旦举行落成大典礼，各节迭志本报。顷闻该校附属中学，拟乘新校舍告成之机，锐意发展，扩大招生。本月十九日，曾召集第一次招生委员会，当场举定张崇德、许德良两人为交际委员，钟伯庸为常务委员，高尔柏、陈贵三、萧觉先等分别命题并兼负监试、阅卷等责任，一面决定函致国内各省国民党部，特约保送投考学生，并向本埠及武昌、汉口、九江、南昌各地各大报馆遍登广告外，另约定本埠国民党特别市党部及杭州省教育会、蚌埠皖北中学、武昌军事政治学校等处为报名之所，同时该招生委员会拟陈请学校最高机关酌减学费，俾寒素子弟，可以群来入学。以上各项计划，均已积极进行。预料该校前途，必大可发展云。

《时报》1926年12月20日第二张第六版

1927 年

《新闻报》《大公报》《时报》《中央日报》中的 上海大学（1922—1927）

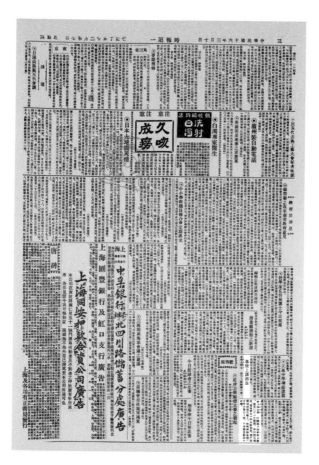

各校上课消息·上海大学

江湾路上海艺术大学［上海大学］原定三月一日开课，后因时局关系，远道学生一时未能到齐，现已陆续到校达百余人。昨经教务会议决，于今日实行上课。日来闻各级尚有余额。

《时报》1927年3月10日第一张第三版

122

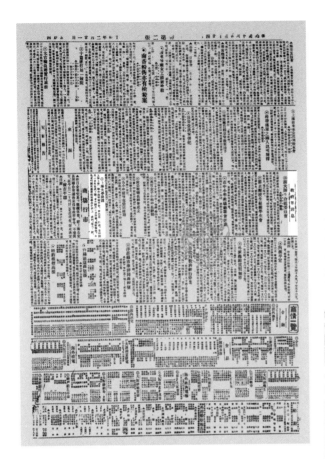

教育界消息·上海大学开课

上海大学□附中建筑新校舍,业已全□落成,定于四月一日起正式上课,并在四月一日以前,招收新生,如各省县国民党部保送学生仍照上□成例,准其免试。

《时报》1927年3月24日第二张

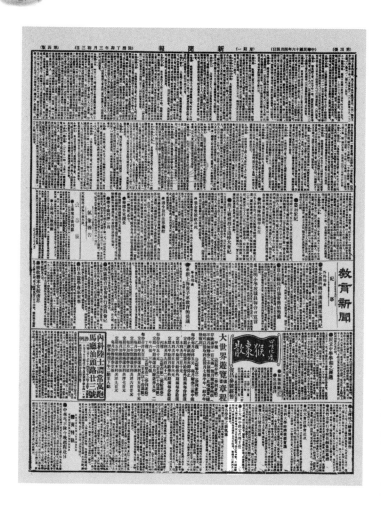

上大附中聘定代理主任

本埠上海大学附属中校主任侯绍裘,因公私事繁,不能兼顾校务,特聘请该校教员张作人先生代理。闻张君已于四月二日起到校就职云。

《新闻报》1927年4月4日第四张第四版

上海大学教职员学生联席会议

江湾上海大学,于本月十四日下午一时,在该校第一教室开教职员学生联席会议,到会者有四百余人,计通过提案二十余件。开会秩序:①开会;②推举临时主席;③主席报告开会宗旨;④学校当局报告最近学务校务进行状况及计划;⑤国立运动委员会报告、膳食委员会报告;⑥学生会执行委员会报告;⑦讨论;⑧其他;⑨散会。闻有多数提案,因时已转暮,不及议而散,须再开会□议云。

《新闻报》1927年4月16日第四张第四版

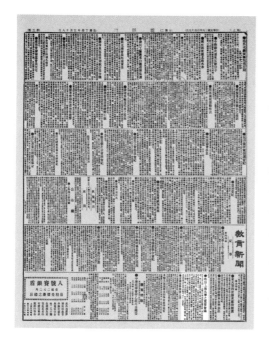

昨日上海大学之重要会议

　　昨日上午十时，上海大学在新校开改选后第一次行政委员会。到会者有陈望道、谢六逸、李春鋒、金耀光、冯三昧、刘大白、周由廑等七人。讨论事项如下：①改选临时主席案，议决用无记名投票法，选举结果陈望道得五票，当选为该会临时主席；②追认请愿代表案，议决追认；③向宁汉双方请愿国立案，议决通过；④陈望道因赴宁汉请愿，请刘大白暂行代理学务主任及临时主席案，议决在陈君未回校以前，请刘君逐日在校办公，并行主席职权；⑤推定临时提款委员案，议决请刘大白、冯三昧二君共同签字；⑥推定事务委员案，议决冯三昧君协同学用［生］代表共同办理。至十二时散会。

《新闻报》1927年4月19日第三张第三版

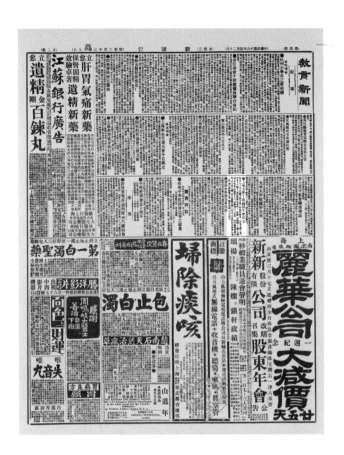

上海大学丁卯级同学会成立

昨日(十八日)江湾上海大学丁卯级同学会,召集全体大会,到者九十余人。当推选举李春锦、方超骥、杨国辅、丁显、金耀光、李圣恩、汪涛等七人,组织执行委员会,从事编辑该级特刊,内有广告栏,由方超骥君担任接洽,并拟在校内建筑钟楼一座,择日开欢乐大会,摄影聚餐,以示纪念。

《新闻报》1927年4月20日第四张第二版

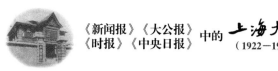

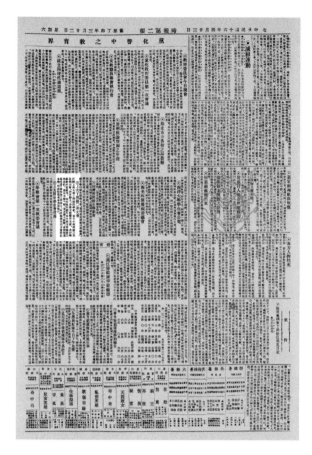

上大丁卯级二次大会

江湾上海大学丁卯级同学会,前日午后开第二次全体大会,到百余人,公推方超骥君主席,次讨论毕业结束事宜,并由执行委员会代表方君报告工作甚忙,委员不敷分配,要求扩大组织,当即补选葛克信、钱宗湘二君加入。至于编辑特刊及建筑纪念物,均由该委员会负责进行。

《时报》1927年4月23日第二张第七版

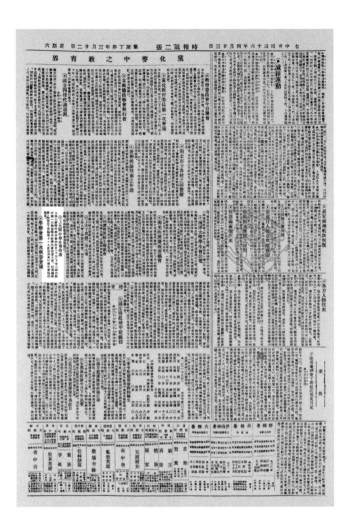

上大附中学生会改选

上海大学附中学生会于昨日(十九)下午二时在该校第一大教室开本届学生会改选大会,结果顾根兴、陈慧生、许励等十一人当选为本届学生会执行委员。

《时报》1927年4月23日第二张第七版

《新闻报》《大公报》《时报》《中央日报》中的 上海大学（1922—1927）

上海大学丁卯级之同学会

日昨午后，上海大学丁卯级同学会，开第四次全体大会，到数十人，公推方超骥为主席，讨论结束毕业事宜，并补选佟宝玮、冯骥、林道兴、廖上播等四人为执行委员。旋即续开执行委员会，兹录议案如下：①毕业论文限五月一日以前一律缴到委员会；②照片及年刊费五元，限本周内缴清；③建筑纪念物由学校代办；④五月五日举行欢乐大会及聚餐摄影。并闻下星期一开第五次全体大会。

《时报》1927年4月29日第二张第七版

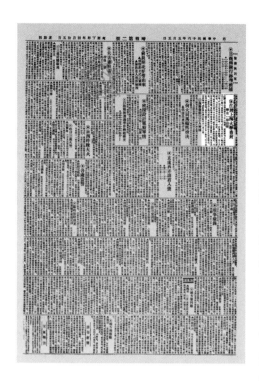

江湾上海大学查封·学生一律出校

江湾上海大学于前日下午一点钟,被龙华司令部派兵士三十余人,将该校四周包围,所有男女学生一概不准行动。进出口处皆架起机关枪,一时气氛森严。兵士入校后,乃分队命学生集于第一教室,由该队指挥员谢某,声明系奉总司令部命令,限所有学生即刻离校,否则恐有危险。当时学生要求准予是晚暂住一夜,当蒙允许。一面由兵士四出[处]搜查,有无危险品及某项宣传品,结果并无所得。是夜,全体学生仍睡在第一教室,昨日已纷纷离校。闻该校有将改组政治大学之说。

《时报》1927年5月5日第二张第六版

《新闻报》《大公报》《时报》《中央日报》中的 上海大學(1922—1927)

上海大学查封后之布告

前敌政治部于五月二日派教育股股长梁麟、总司令部特务处陈卫队长，前往江湾查封上海大学，将该校学生全体遣散，所有学生行李书籍等，概令其自由搬出。唯学校公物则由教育股派员协同江湾警署检查封闭，并派警驻守。闻国民革命军总司令以政治人才需用孔亟，拟开办政治训练班一所，即以该校房屋为所址，兹录政部，布告如下：查上海大学为破坏国民党反动分子之巢穴，业经查获有据，兹特派员前往查封，除饬令该校先行全部解散、听候查办外，合将查封该校缘由布告，俾众周知。此布。

《时报》1927年5月6日第二张第六版

132

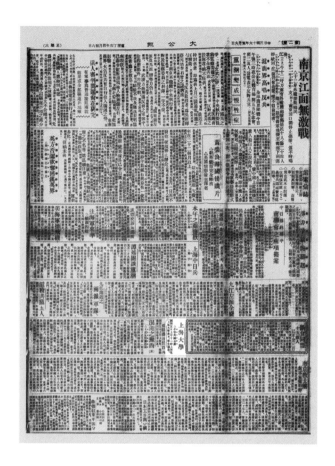

上海大学·不容与国民党

国闻五日上午十一时上海电　上海大学被封,学生驱逐。

《大公报(天津)》1927年5月6日第二张

《新闻报》《大公报》《时报》《中央日报》中的 上海大学（1922—1927）

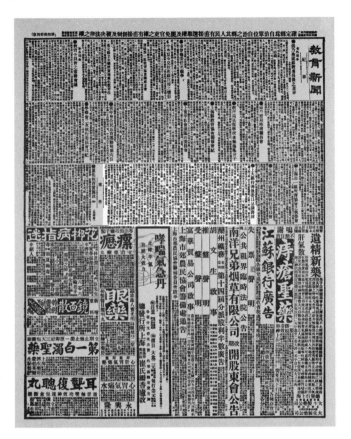

● 上大维持善后委员呈请启封

江湾上海大学，因有共产党嫌疑，已被〔查〕封，现欤悉所有纯粹、民党员及忠实之学生，公推方超骥、丁颖、朱鉴、刘大白等以维持善后委员、负责办一切，请愿及组事宜咋已得政治部陈军主任之设法，将该委员会改上海政治分会文钦左，呈请善遇，伏恳大学教育，本以研求学术范围，而非若军人之侵义容许寄生其中，丁於相持主义及军国民革命贯彻上海大学同志，於过去两年中，与帝国主义及军阀，军政党之徒，狼狈为奸，互相勾结，深得党政府之表示，而非若军人之侵义容许寄生其中，若蒙赤色之嫌疑，而事实不能无相当推详，此因失票声明经有案。一切新，指不胜屈，即本斯旨以为讲肄之方，晤间已成矣，凡报告於被捕之党员，共赴国难，以努力於中央党部及国民政府，时迅速其无党派之学校之所以表讨，同学千百难人抗，当以维持至今，且能竭诚，以纯社会或国家，以热烈牺牲，於顷沛之余，犹得维持至今，且能竭诚以粹社会或国家，以热烈牺牲，之惟我中央党部及国民政府，切周庚加抗拒，睦未足以鉴得党政府之表示，而非若军人之侵义容许寄生其中，国民革命之党员，共赴国难，以努力於中央党部及国民政府，时迅速其无党派之学校之所以表讨，同学千百难人抗，当以维持至今，且能竭诚，以纯社会或国家，以热烈牺牲，於顷沛之余，犹得维持至今，且能竭诚以粹社会或国家，以热烈牺牲，之惟我中央党部及国民政府，切周庚加抗拒，睦未足以鉴。

上大维持善后委员呈请启封

　　江湾上海大学，因有共产党嫌疑，已被查封。现闻该校所有纯粹国民党员及忠实之学生，公举方超骥、丁显、朱复、刘大白等为学校维持善后委员，负责进行一切请愿及改组事宜。昨已得政治部陈群主任之谅解，兹将该委员会致上海政治分会呈文录左。呈　清党运动，殃及全校，黉舍遭封，藏修无所，恳请迅予启封，俾免失学事。伏思大学教育，本以研求学术为职志，一切新旧学说，皆不妨供教师学子之探讨，以期择善而从。上海大学自成立以来，即本斯旨，以为讲肆之方，虽其间不无偏激之徒，误信盲从，谬趋歧路，然全校五百余人中，跨党分子实居少数，徒以若辈善于操纵，工于劫持，巧于闪避，长于播煽，而曩者中国国民党又容许其寄生于党中，于是校中忠实同志，暨无党派之同学，皆不能不与之合作，以努力于国民革命。上海大学同学于过去两年中，与帝国主义及军阀相周旋、相抗拒，虽未足言有功，而牺牲不可谓不巨，此固全校师生共同努力之所表显，而非若辈少数之所独为也。然若辈往往贪全体之功程，为己派之成绩。凡其报告于苏俄，宣传于国际，播腾于社会，咸攘群力以为己功，而上海大学遂一若全蒙赤色之幕矣。此唯我中国国民党中央党部及国民政府能灼知之。

《新闻报》《大公报》《时报》《中央日报》中的 上海大学（1922—1927）

故于，大学遭巨创之际，屡予以经常费及□时建筑费之补助，几认为上海方面之党立学校，俾本大学于颠沛之余得以维持至今，且能勉建校舍，以为同学五百余人弦诵之场，是固同学等所深为感激而庆幸者也，迨国民革命军奠定东南，义旗指沪，万众腾欢，而同学等则更额手相庆。以为而今而后，本大学既全隶于青天白日之下，虽由中央党部之补助，进而为国民政府之国立不难矣。不图始则既因军事影响，交通梗阻，开学较迟，同学到沪者甚鲜，继则少数带有特殊色彩之教授学生，类皆散布于党部政府工会之中，为种种特殊之活动，到校者极稀。以是全校同学，不过百许人，学校所收学膳杂费，不过三千余元，经济之困窘，为历来所未有。虽赖校中当局辛苦支撑，已觉有岌岌不可终日之势。所幸不良分子，多在校外，所余同学，多系忠实同志及无党派者，颇能安心就学，不做轨外行动，故虽处兹危险之中，犹无基础动摇之处。泊乎清党运动既起，在校之少数跨党分子，又多内不自安，潜赴武汉，同学等方以为若辈既去，不特有利于党国，而且可保学校之安全矣。故学生会业经改组，区分部亦在筹备改组中，以尽清党运动中应负之责任。岂期本月二日，突由东路军前敌总指挥部政治部派遣武装兵士来校，声言清党，驱逐学生，封闭学校，并称将以本大学校舍移作政治训练班之用。同学等既遭驱逐，怅无所之，而行李银钱，复于搜查扰乱中，多所损失，现在流离失所，食宿难周，既失肄业之所，复深亡校之痛，彷徨瞻顾，莫稔何因。窃思清党宜也，固同学等所深赞者也，即曰，本大学中尚有余孽可清，搜检而剔除之，接收而改组之，均无不可也。今也混淄渑而不辨，合玉石而俱焚，罪问蹊田，邻牛竟夺，殃遭失火，池鱼何辜？本大学昔遭帝国主义及军阀之摧残也屡矣，然同学等则于愤慨之余，窃自慰解曰，此帝国主义及军阀之所为，固因尔也。而今则且末由自慰解矣，伏愿钧会本中央党部及国民政府夙昔爱护本大学、扶助本大学之心，迅赐议决，移知东前政治部，立予启封，以免同学等失学无归之苦。至于清党之举，倘虑本大学中尚有跨党分子潜伏其间，尽可由钧会令行上海教育委员会，派员到校严加厘剔，或竟行接收改组，均同学等所欢迎。请宏援手之仁，敢作垂涕之道，不胜屏营待命之至。

《新闻报》1927年5月7日第四张第四版

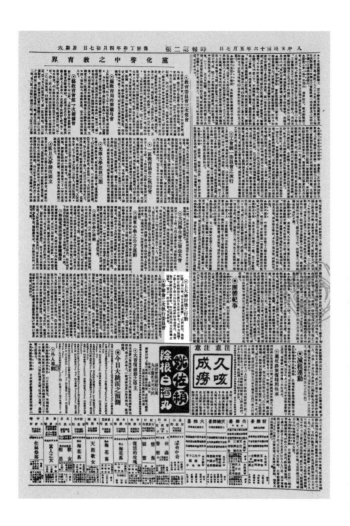

上大被封后之行动

江湾上海大学,因有共产党嫌疑,已被查封。现该校所有纯粹国民党员及忠实之学生,公举方超骥、丁显、朱复、刘大白等为学校维持善后委员,负责进行请愿及改组事宜。昨已得政治部主任陈群之谅解,一面呈口政治分会,要求启封。

《时报》1927年5月7日第二张第八版

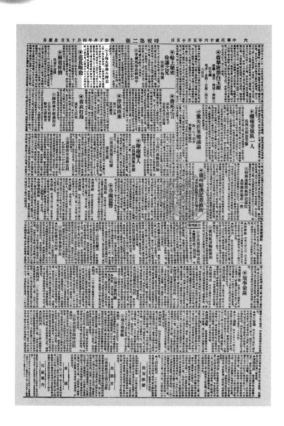

上海大学学生释放

上海大学自被封后,一般忠实国民党党员及无党派之学生组织学生会,如运动学校启封,暨排斥不良分子,突于日前被国民革命军第二十六军检查分处误认陈德圻、廖上璠、吴铮、薛章、林道兴等十一人为有跨党嫌疑,拘捕逮案。兹该处已询查明确,系属误会,已将各生于十三日释放矣。

《时报》1927年5月15日第二张第六版

⊙上海大學之重要會議

上海大學，前日下午開行政委員會，到會者有教員印望道周由廬謝六逸、畢允中丁願等十餘人，其議決事項如下：（一）陳望道因有要事急須返里，已將政治大綱維持委員及各校教課辭去，要求該會亦將臨時主席一職，另選他人擔負全責，（議決）通過、並懇謝六逸為該會臨時主席，（二）以後校務進行是否仍由該會負責，議決仍由該會負責維持，並加

推朱復謝六逸進行恢復學校事宜，（三）獨三昧因家遭變故，要求辭去經濟委員主席，及註冊課主任等職，以便回家料理，（議決）通過、所任註冊事宜，改由朱復擔任，經濟委員會主席改由周由廬擔任，此外尚有提案多種，因為時已晚、不及議而散，閒該會前主席陣望道已與新選主席謝六逸約定昨日在謝宅點交各種契約文件，以及現洋賬目云、

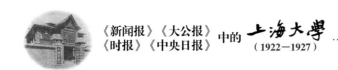

上海大学之重要会议

　　上海大学前日下午开行政委员会，到会者有教员陈望道、周由廑、谢六逸，学生金耀光、丁显等十余人。其议决事项如下：①陈望道因有要事，急须返里，已将政治大学维持委员及各校教课辞去，要求该会亦将临时主席一职，另选他人担负全责，（议决）通过，并举谢六逸为该会临时主席；②以后校务进行是否仍由该会负责，（议决）仍由该会负责维持，并加推朱复、谢六逸进行恢复学校事宜；③冯三昧因家遭变故，要求辞去经济委员〈会〉主席及注册课主任等职，以便回家料理，（议决）通过，所任注册事宜改由朱复担任，经济委员会主席改由周由廑担任。此外，尚有提案多种，因为时已晚，不及议而散。闻该会前主席陈望道已与新选主席谢六逸约定昨日在谢宅点交各种契约文件，以及现洋账目云。

《时报》1927年5月28日第二张第八版

●上海大學之重要會議

上海大學，前日下午開行政委員會，到會者有教員陳望道周由廑謝六逸、學生金耀九丁頤等十餘人，其討決事項如下，㈠陳望道因有要事急須返粵、已將政治六學維持委員及各校教課辭去，要求敘會亦臨時主席一職，另選他人擔負全責，（議決）通過、並舉謝六逸為政會臨時主席，㈡以後校務是否仍由全員負决仍由該會負責維持，並加推朱復旦一進進行恢復學校書宜，㈢週一昧因家遭變故、要求辭去經濟委員主席，及註冊課主任事務，以便回家料理，（議決）通過，㈠任冊事宜、改由朱復旦任代辦委以會主席改由周由廑接任，此外尚有「案多種，因為時已夜、不及論所散、開談會前主席陳」道，奧新選主席謝六逸約定昨日在謝宅點交各種契約文件以及現洋輕口云、

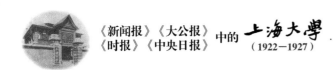

上海大学之重要会议

上海大学，前日下午开行政委员会，到会者有教员陈望道、周由廑、谢六逸，学生金耀光、丁显等十余人。其议决事项如下：①陈望道因有要事，急须返里，已将政治大学维持委员及各校教课辞去，要求该会亦将临时主席一职，另选他人担负全责，（议决）通过，并举谢六逸为该会临时主席；②以后校务进行是否仍由该会负责，（议决）仍由该会负责维持，并加推朱复、谢六逸进行恢复学校事宜；③冯三昧因家遭变故，要求辞去经济委员〈会〉主席及注册课主任等职，以便回家料理，（议决）通过，所任注册事宜改由朱复担任，经济委员会主席改由周由廑担任。此外，尚有提案多种，因为时已晚，不及议而散。闻该会前主席陈望道与新选主席谢六逸约定昨日在谢宅点交各种契约文件以及现洋账目云。

《新闻报》1927年5月28日第四张第四版

1936 年

《新闻报》《大公报》《时报》《中央日报》中的 上海大学（1922—1927）

上海大学学籍问题解决·旅京同学筹组同学会

上海大学于民国十六年五月停顿后，全体同学因学籍问题，发生种种困难。去冬经同代表具呈中央，请追认该校同学学籍，与国立大学同等待遇。现悉教部已呈复遵办。该校旅京同学，当于日昨开会，推定同学会筹备委员，关于学籍审查，决组设审查会，并函王陆一、吴企敬、刘道行、郑仲武等为委员。

《中央日报》1936年5月18日第二张第四版

前上海大学学生学籍与国立大学同等待遇

前私立上海大学,于民国十六年春为总理蒙难留沪时,急欲培植人才,将前东南高等师范改组而成,旋因环境关系停办,迄今已有十载。本年由于右任氏向中常会提议,近认该校学生学籍与国立大学学生同等待遇,现经中央通过。故该校各地学生一闻之均甚欣慰,分头进行组织同学会。上海方面,亦经举行发起人会议,已由林钧、丁丁等着手筹备进行云。

《大公报(上海)》1936年6月1日第二张第七版

《新闻报》《大公报》《时报》《中央日报》中的 上海大学（1922—1927）

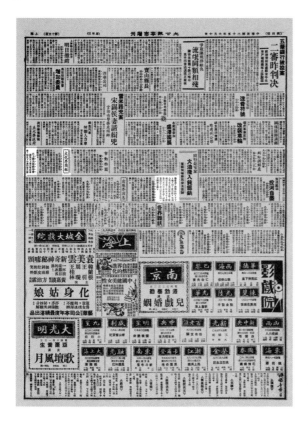

文化界简报·上海大学同学会

前私立上海大学同学会，前日下午举行首次筹备会议，选举林钧、丁丁、姚天羽、曹雪松、王秋心等五人为常务委员，组织常委会。昨日下午即举行首次常委会议。该会筹备处现设爱文义路一三四弄七号。

《大公报（上海）》（增刊）1936年6月10日第四张第十五版

上海大学筹组同学会·将在京召开成立大会

前上海大学自经中常会通过改为国立上海大学后,该校同学雷仲山等,即在京筹备同学会。同时,该校各地同学亦在各处纷纷筹备分会。兹闻散布各处同学,纷向筹备会总分会请求登记者,业已数百人。该会已定于下月十日在京召开成立大会,华南、华北、南洋一带之远地同学,均准备先期晋京与会。大会所发行之特刊已由该校校长、监察院院长于右任亲为题字云。

《中央日报》1936年10月22日第二张第四版

《新闻报》《大公报》
《时报》《中央日报》中的 上海大学（1922—1927）

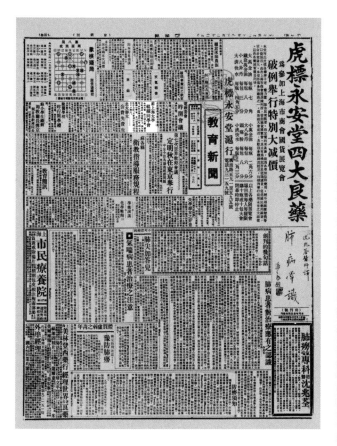

前上海大学组织同学会

　　南京电　前上海大学，经中常会通过，改为国立上海大学后，该校同学雷仲山等，即在京筹备同学会，并已请准该校校长于右任。大会成立日期，定下月十日举行。

《新闻报》1936年10月22日第十三版

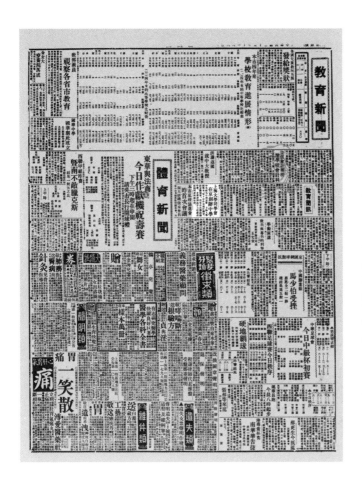

上海大学同学会在京创办中学

中央社七日南京电　上海大学同学会,定十日在京成立总会。该会筹备会,决定在首都创办中学,并呈请校长于右任设法收回校产,恢复母校。

《新闻报》1936 年 11 月 8 日第十三版

《新闻报》《大公报》《时报》《中央日报》中的 上海大学 (1922—1927)

上海大学同学会总会业已成立

电谢蒋院长追认学籍

上海大学同学总会,自本年三月间中央第八次会议通过该校同学学籍与国立大学同等待遇案后,筹备已有数月,前日上午十时,假公园路民众教育馆开成立大会,到各地代表及会员五百余人,该校校长于右任(王陆一代),市政府社会局代表张少垣,首都警察厅代表徐亮泺场致训,主席团穆永言等向大会提案,(一)呈请校长设法收回校产恢复母校案,(二)电谢中央及蒋委员长追认学籍,并呈报于校长及该

上海大学同学会总会业已成立

电谢蒋院长追认学籍　上海大学同学总会，自本年三月间中央第八次会议通过该校同学学籍与国立大学同等待遇案后，筹备已有数月。前日上午十时，假公园路民众教育馆开成立大会，到各地代表及会员五百余人。该校校长于右任（王陆一代）、市政府社会局代表张少垣、首都警察厅代表徐亮苾莅场致训。主席团程永言等向大会提案：（一）呈请校长设法收回校产，恢复母校案；（二）电谢中央及蒋委员长追认学籍，并呈报于校长及该校教授叶楚伧、邵力子案；（三）呈请校长从速指定学籍审查人员案；（四）对本校已故师长胡展堂、廖仲恺、章太炎，暨过去为国民革命被难之师长同学，致最哀礼案；（五）建筑本会会所案；（六）在南京及上海、西安等处创办中学案，及其他重要提案多起。一并通过后，即选举理监事，计选出林钧、刘道行、彭镇寰、马文彦等二十一人为理事，张治中、吴开先、刘汉清等九人为监事。

《中央日报》1936 年 11 月 13 日第二张第四版

《新闻报》《大公报》《时报》《中央日报》中的 上海大学 (1922—1927)

上海大学同学会
昨开首次理事会
程永言任理事长 张治中为监事长

上海大学同学会总会，自今月在首都成立后，昨日该会开第一次理事会，卅席理事十六人，林钧主席，推选常理，结果程永言、高良佐、张一寒、林钧、朱义横、蒋崐、谢共举七人当选，推刘道行为会员资格审查委员会主任、安剑平为学术研究委员会主任、陆舒

152

上海大学同学会昨开首次理事会·程永言任理事长　张治中为监事长

上海大学同学会总会，自本月在首都成立后，日昨该会召开第一次理事会，出席理事十六人，林钧主席。推选常理，结果程永言、高良佐、张一寒、林钧、朱义权、蒋崐、谢共皋七人当选；推刘道行为会员资格审查委员会主任，安剑平为学术研究委员会主任，陆舒农为出版委员会主任，蒋崐为复校运动委员会主任，汪钺为基金保管委员会主任。常务理事会亦即行开会，到常务理事七人，林钧主席。推选程永言为理事长，各股总干事亦经推定，关中哲任总务股，陆舒农任调查股，张释蒙任研究股，严子静任交际股。会所设于大光路一九〇号。又该会监事会亦于昨日开会，推张治中为监事长。

《中央日报》1936年11月18日第二张第四版

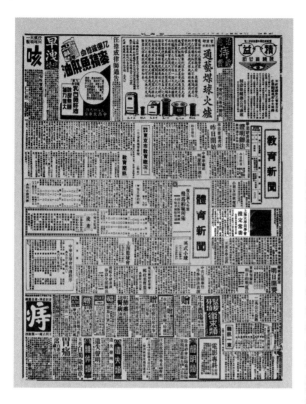

上海大学同学会推定常委·吴开先当选监会主席

（中央社）前私立上海大学留沪同学会，日前正式成立后，昨日举行首次执监委员联席会议，全体出席，除讨论成立大会交下各案后，即选举常务委员，及监委会主席，结果林钧、高尔柏、丁丁、张士韫、姚天羽等五人当选为常务委员，吴开先当选为监委会主席云。

《新闻报》1936年12月2日第十三版

1937年

《新闻报》《大公报》《时报》《中央日报》中的 上海大学（1922—1927）

上大组织学籍审查会

南京廿五电　上海大学学生学籍问题，自经该校校长于右任提请中央常委会通过，函国□令主管□部遵照办理后，下为□重甄别□纪起见，特指派该校教授叶楚伧、邵力子、王陆一及该校同学会理事吴开先、程永言等组织上海大学学生学籍审查委〈员〉会，并指定王陆一负责召集。闻该会定廿六日下午二时假监院举行第一次会议。

《时报》1937年2月26日第二张第五版

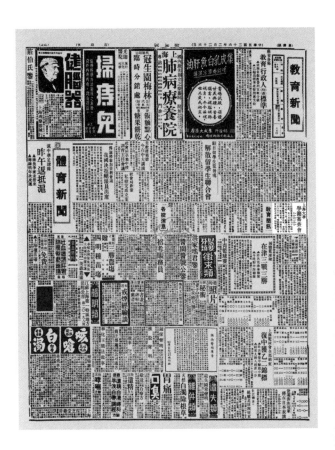

上海大学学籍审查会·今日在京开会

右任指派叶楚伧、邵力子、王陆一、周由厪,及上大同学会理事吴开先、程永言等,组织上海大学学生学籍审查委员会,并指定王陆一负责召集。该会定二十六日下午三时,假监院院长会客室开首次会议,开始审查。

《新闻报》1937年2月26日第十五版

《新闻报》《大公报》
《时报》《中央日报》中的 上海大学
（1922—1927）

于院长六十寿辰·上海大学同学会发起集资建立右任图书馆

　　中央社杭州十三日电　本月三十日为监察院于院长六十寿辰，前上海大学学生以于氏前为该校校长，兹特由上海大学同学会总会发起，拟集资建立右任图书馆，借申庆祝，并资永久纪念。杭方同学奉总会通告后，现正集款汇京，期成美举云。

《中央日报》1937年4月14日第一张第三版

于右任六十寿辰·上海大学同学会筹建右任图书馆

【中央社杭州十三日电】本月三十日为监察院长于右任六十寿辰,上海大学同学会总会以于前为该校校长,发起拟集资建立右任图书馆,借申庆祝,并资永久纪念。杭方同学现正集款汇京,期成美行云。

《大公报(上海)》1937年4月14日第一张第四版

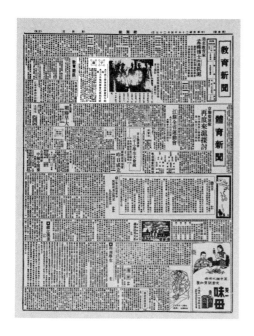

于寿・中国公学毕业同学会昨午祝嘏・上大各地同学会代表到京祝寿

中国公学毕业同学会,以本月三十日,为该校董事长于右任六秩双庆。于昨(廿八)日正午,假座广西路蜀腴菜馆,为于氏夫妇祝嘏,计到于院长夫妇、女公子芝秀女士及校友陈行、吴继泽、骆亦文、丘汉平、黄炳奎、金湛、聂海帆等百余人。首由同学会代表丘汉平致祝词,继由于氏答词。又前上海大学学生感于于氏长校熏沐之恩,各地同学会发起建筑图书馆,以志纪念,并定明日分别庆祝。川、闽、赣、鄂、陕等各省同学会,并派有代表到京祝寿。至建筑纪念图书馆收款处,为南京建康路上海银行,致送者可径寄云。

《新闻报》1937 年 4 月 29 日第十二版

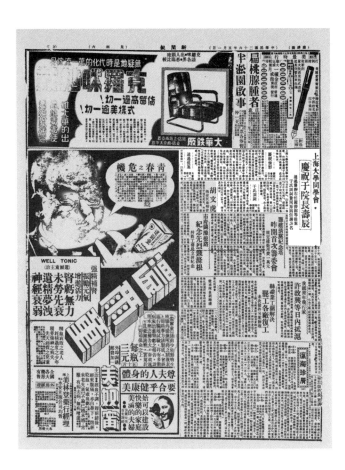

上海大學同學會·慶祝于院長壽辰

通過籌辦右任圖書館等提案
于氏訓詞贊同原則但請易名

上海大學同學會及華中學，昨聯合慶祝于右任校長夫婦六秩壽辰，茲分誌各情如次，

慶祝情形

懸國路華華中學舉行，計到于校長邸力子王陸一周越然，有南京總會上海南昌西安饒江武昌開封杭州成都福州等各地分會代表吳開先、丁丁、張士龍、陳純茵、及華中學全體師生一千餘人，主席團吳開先高爾柏林鈞，禮成，首由吳開先報告慶祝校長夫婦六秩壽辰意義，南京總會上海分會等致賀詞，旋由邵力子代表報告會務，繼由程永言恭迎于校長到會，行三鞠躬禮致敬，情形至為熱烈，末通過建立「右任圖書館」等提案，當晚復有歌曲平劇等盛大遊藝，以示慶祝。

通過提案

大會提案建立「右任」（一）個

[一]「右任中學」，[二]創立一個「右在文化館」，[三]編輯一部「于校長文集」，[四]徵集一部「于校長壽辰紀念集」[因]要求恢復校名「上海大學」，議決通過，以上[二][三][四]項，由南京總會進行辦理，[一][五]兩項，由上海分會進行辦理。

于氏訓詞

盛大慶祝，實不敢當，余對壽辰，不欲舖張，諒蒙諸同學所深悉，于氏旋復漫述幼年貧苦攻讀及壯年從事革命經過，勗各同學努力致學，儲為國用，以建設新中國，對大會通過奧斯文化教育有提案，聽表贊同，但不欲以「右任」命名，請另易名稱云。

上海大学同学会·庆祝于院长寿辰

通过筹办右任图书馆等提案

于氏训词赞同原则但请易名

上海大学同学会及华华中学,昨联合庆祝于右任校长夫妇六秩寿辰,兹分志各情如次:

庆祝情形

庆祝大会于昨日下午二时在愚园路华华中学举行,计到于校长、邵力子、王陆一、周越然、同学会南京总会,上海、南昌、西安、镇江、武昌、开封、杭州、成都、福州等各地分会代表吴开先、丁丁、张世韻、唐纯茵及华华中学全体师生共一千余人。主席团吴开先、高尔柏、林钧,行礼如仪。首由吴开先报告庆祝校长夫妇六秩寿辰意义,南京总会上海分会代表报告会务,旋由邵力子等相继致词,同学会旋推丁丁、程永言恭迎于校长到会致训词。于氏莅会时,乐队前导,礼炮齐鸣,全体向于氏行三鞠躬礼致敬,情形至为热烈。末通过建立"右任图书馆"等提案。当晚复有歌曲、平剧等盛大游艺,以示庆祝。

通过提案

大会提案:①建立一个"右任图书馆";②创立一个"右任中学";③举办一个"右任文化馆";④编辑一部《于校长文集》;⑤征集一部《于校长寿辰纪念集》;⑥要求恢复母校"上海大学"。议决通过,第①②③⑥四项由南京总会进行办理,④⑤两项由上海分会进行办理。

于氏训词

于氏训词,略谓诸同学举行盛大庆祝,实不敢当。余对寿辰,不欲铺张,谅为诸同学所深悉。于氏旋复历述幼年贫苦攻读及壮年从事革命经过,勖各同学努力致学,储为国用,以建设新中国。对大会通过兴办文化教育提案,虽表赞同,但不欲以"右任"命名,请另易名称云。

《新闻报》1937年5月1日第十六版

1940 年

《新闻报》《大公报》
《时报》《中央日报》中的 上海大学
（1922—1927）

前上大毕业证书已由教育部颁发

上海大学留沪同学会，日前召集执监联席会议，当经决议组织秘书处，以处理目前日常会务。闻该校各同学之毕业证书业经教育部验印颁发，凡学籍经该会审查通过者，均得自本月二十日起径至该会依照总会规定办理领取手续。该会会址在福州路三八四弄四号云。

《新闻报》1940年7月19日第十版

1941年

《新闻报》《大公报》《时报》《中央日报》中的 上海大学（1922—1927）

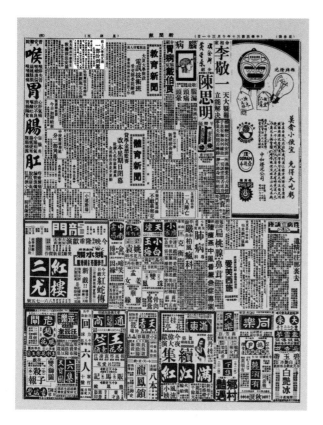

前上大毕业文凭一部分到沪·留沪同学可往接洽

前上海大学，自中央通过补发文凭后，即由该校同学会协助于校长办理手续，现已完全办妥。闻所属留沪同学会之同学毕业证书，一部分已到沪，凡属沪会之各同学，可至福州路三八四弄四号向姚君接洽云。

《新闻报》1941年10月31日第九版

1947 年

《新闻报》《大公报》《时报》《中央日报》中的 上海大学（1922—1927）

于右任寿辰·上海大学同学祝贺

上海大学同学会，于昨午十二时，假本市中央银行俱乐部庆祝该校于校长右任六十晋九华诞，到来宾方治、严庄、陈行、杨千里、赵祖康、张维，暨校友吴开先、水祥云、赵曾钰等百余人。席间首由吴开先致词祝贺，于院长于热烈掌声中起立致词，勉各同学以节约为本，并希望上海大学早日复校。来宾举杯向于院长祝寿，情绪至为欢愉，宴毕摄影而散。

《新闻报》1947年5月9日第四版

168

1948 年

《新闻报》《大公报》《时报》《中央日报》中的 上海大学(1922—1927)

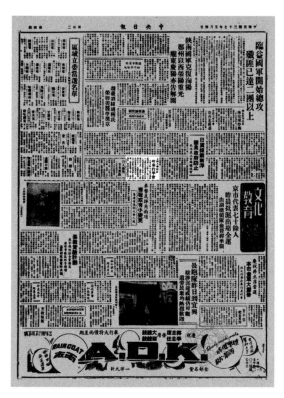

上海大学校友昨举行年会

【本报讯】上海大学留京同学三十余人,昨(三)日晚在介寿堂举行年会。该校校长于右任、代理校长邵力子,暨邵夫人傅学文女士,均莅临指导。各同学除讨论会务外,并以于校长日前适值七秩大庆,咸为称觞上寿,叙谈甚欢,会后并摄影纪念。

《中央日报》1948年5月4日第四版

1949 年

《新闻报》《大公报》《时报》《中央日报》中的 上海大学（1922—1927）

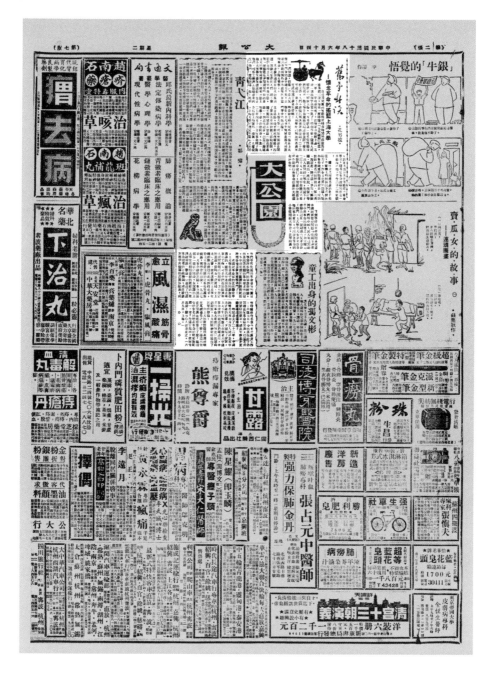

舊事新說

——懷念革命的搖籃上海大學

孔另境

自從國民黨的反動程度隨歲月的前進而日徒加劇以後，每年一度降臨的「五卅運動」紀念一年一年冷落起來了。近幾年的報紙上連「五卅」這兩個字也看不見了。然而今年，解放軍內解放上海，「五卅紀念」日又突然顯得熱鬧起來，職工學生和黨政當局連接落開了幾天紀念會，人們在記憶的角落裏重新拉出了二十四年前的一幕「反帝國主義者」的英勇史反抗帝國主義者的侵略史。

凡是參加過當日如火如荼的第一運動的生存者們，總不會忘記當時上大學生的英勇姿態。他們在老閘捕房門口的慷慨就義，到各大工廠裏組織羣衆的勤勞，當時領導上海工商學大聯合的生存運動的人們，介石在上海實行「清黨」大屠殺之地數十，北伐前夜，已在江灣靶場遇義塔一九二七年四月十二日反革命頭子蔣之封閉。

帝國主義者的侵略路線上的先鋒隊。上大學址最初設在閘北青島路，後來遷到西摩路，二七年四月開北遇劫，已變成廢墟了。但是因為校舍狹窄，許多教師、學生先後搬到陝西路，二三千人，有一大半在分散在全革命任務的大概還有許多吧。

擔任上大校長名義的，是代理校長邵力子，而實際主持校務的是于右任，著名的領導者都是一些校外的人物和革命黨的領導者，許多文化界人物和革命黨的領導者，如瞿秋白、蔡和森、惲代英、鄧中夏、任弼時、楊賢江、張太雷、陳望道、茅盾、沈雁冰、劉大白等等等在大白、陳望道等歸。

他們受著先進的革命導師的薰陶，學習許多戰鬥的知識和經驗，自然也有不少的落伍份子溜滑在反革命陣營裏，以蓋其升官發財的欲望，或甚至可落為特務，或甚至可落為反動派的鷹犬，而成為特務，或甚至可落為革命陣營裏，以蓋其升官發財的欲望，中國革命發展歷程就就出了，中國大眾終以無比的迅速從被壓迫到解放。上大學的孤道終以血汗換得的精神汗血的破壞清除，革命發展的迅速以無比的迅速從被壓迫到解放！但是上大的一頁實歷史將永遠被革命的領導大眾以為紀念，上大的歷史將永遠被紀念，我們應當把它抱出來，讓歷史記住它，它的命名只能在革命勝利以後恢復起來呢？我們有心人注意及此！（六在瓦礫堆草之下，難道可以就此永遠被草沒了麼？

月九日，上海。）

☆
☆
☆

173

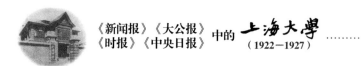

旧事新谈——怀念革命的摇篮上海大学（孔另境）

自从国民党的反动程度随着时间的前进而日益加剧以后，每年一度降临的"五卅运动"纪念，一年比一年冷落起来了。近几年的报纸上连"五卅"这两个字也看不见了！然而今年，随着人民解放军的解放上海，"五卅纪念"日又突然显得热闹起来，职工学生和党政当局连接着开了几天纪念会，人们在记忆的角落里重新拉出了二十四年前的一幕：中国的工人和学生以无比的英勇来反抗帝国主义者的侵略！

我们知道，领导这次伟大反帝民族斗争的是中国共产党，正确的勇敢的执行中共政策的是当时革命的上海大学学生。

凡是参加过当日如火如荼的这一运动的生存的人们，总不会忘记当时上大学生的英勇姿态，第一个牺牲在老闸捕房门口的是上大的学生何秉彝，后来发动上海各大学学生参加这运动的也是他们，到各工厂里去组织群众的又是他们，当时领导上海工商学联合会、主持人民外交的也是上大学生。上大学生无疑是那次民族斗争中的先锋队。

上海大学的校址最初设在闸北青岛路，后来搬到西摩路，因了参加五卅运动被工部局封闭，才又搬回闸北青云路（即前青岛路）。到北伐前夜，已在江湾购地数十亩，自建校舍，不意一九二七年四月十二日反革命头子蒋介石在上海实行"清党"大屠杀，上海大学即遭反动当局之封闭，于是这个有着光荣历史的革命学府，随着反革命政权的存在一道被埋在地下至今二十二个年头！

担任上海大学校长名义的是于右任，而实际主持校务的是代校长邵力子，许多文化界的领导人物和革命政党的领导者都是该校的教师，著名的如瞿秋白、恽代英、施复亮、陈望道、茅盾、郑振铎、刘大白、沈泽民、杨贤江等。出入于该校的学生，先后不下二三千人，有一大半在历次的革命战斗中成仁了，现在分散在全国各处执行着革命任务的大概还有许多吧。

这个学校的生存期间是正当中国民族觉醒开始，与帝国主义者搏斗，同时中国人民大众已开始在中共革命的领导之下和军阀封建势力以及一切顽固的反革命分子战斗。上大学生大多是来自各地的革命青年，可以说是革命的小资产阶级大集合，在学校里，他们受着先进的革命导师的熏育，学习许多战斗的知识和经验，但是因为客观的革命要求的迫切，多半没有读完应读的课程就出发到各地去参加实际战斗了！

在国民革命军的北伐战役中，上大学生是成千成百的参加在里边的，虽然大半是担任着非军事的工作，可是他们在部队里和人民间所起的作用实在含有决定的意义，当时有"武黄埔、文上大"之誉。后来这个用上大学生头颅热血换得的北伐胜利成果，给地主资产阶级的反革命集团所窃篡，宁汉合作以后，一九二七年的大革命寿终正寝，革命发展到另一个新的阶段，有认识的上大学生都纷纷自动的被动的（被汉政府所"欢送"）退出了已成革命对象的军政机关，或直接参加到中共领导的武装部队里，或暂时隐姓埋名做些文化教育工作——自然也有不少的落伍分子仍留滞在反革命阵营里，以遂其升官发财的欲望，或甚至效忠于反动政权而成为特务！

时间过去了二十二年，中国的劳苦大众和善良人民终于在中共正确的领导之下获得了解放，上大学生以无数汗血换来的中国革命发展的轨道〈上的障碍〉终于被清除，中国的革命大业将以无比的迅速向前发展，上大的精神从此获得了正常的发扬！

但上大的实体难道永远被埋在瓦砾蔓草之中了么？难道只能在记忆里依稀想象它了么？难道它的令名只能在革命的历史里记录一下么？我为它抱屈，我为它落泪！愿有心人注意及之。（六月九日，上海。）

《大公报》1949年6月14日第二张第七版

后 记

2022年10月23日，上海大学（1922—1927）即将迎来建校百年的纪念日。作为上海大学（1922—1927）精神的继承者、传播者、弘扬者，1994年新组建的上海大学主动承担起学校历史资料的积累和研究的责任，学校档案馆以一组"民国报业中的上海大学（1922—1927）"资料汇编献礼这个重要的纪念日，本书为该组资料汇编中的第二本。

本书在编纂过程中，查阅了1922年至1949年发行的《新闻报》《大公报》《时报》《中央日报》，在其中寻觅上海大学（1922—1927）的踪迹，并未以报刊的责任人为序，而是以时间为序，不仅着眼于报刊史料所记载的具体事件之原貌，更试图将各种报纸对上海大学（1922—1927）报道的不同言说方式甚至是报与报之间的关系约略展现出来，以上海大学（1922—1927）为交汇点，以报刊史料为载体，铺陈出一个多维度的时代图景。

本书的编纂工作得到了上海大学校领导和档案馆馆领导的大力支持和关心，上海大学档案馆同仁和图书情报档案系师生也给予了极大的帮助，在此深表谢意。本书得以顺利出版，也要感谢上海大学出版社傅玉芳、柯国富和刘强三位老师的辛勤工作。

由于编者水平的限制以及时间的仓促，书中的疏漏和舛错之处，也希冀获得读者的批评及指正。

编 者

2021年4月